认识佛教

□ 释净空 著

线装书局

《纯净纯善·书系》出版说明

本书是由华藏讲记组据 净空法师1991年12月在美国迈阿密演讲《认识佛教》整理修订而成。大通永利编辑组于2009年将其编辑整理为中文简体版，现由线装书局正式出版。

净空法师简介

澳大利亚格里菲斯大学、昆士兰大学荣誉教授
中国人民大学客座教授
澳大利亚格里菲斯大学、南昆士兰大学荣誉博士
澳洲净宗学院院长、香港佛陀教育协会董事主席

　　净空老法师，法名觉净，字净空，一九二七年出生于安徽省庐江县，俗名徐业鸿，一九四九年旅居台湾省，一九五四年先后追随一代大哲桐城方东美教授、藏传高僧章嘉呼图克图与儒佛大家济南李炳南老教授，学习经史哲学以及佛法十三年，而于佛教净土宗着力最多。

　　一九五九年，法师于台北临济寺剃度，遂以恢复圣哲伦理道德教育、弘扬大乘佛法慈悲精神为己任，至今讲经教学五十年，从无间断。首倡"佛教"乃"佛陀教育"正名之说，大开印赠经典及运用影音设备、网

络、卫星电视普及仁慈博爱之全民教育的风气。至今已印购六千五百套以上的《大藏经》赠送全球高等学府、国家图书馆及各宗教团体。曾受聘任台北十普寺三藏学院教师，台湾中国文化大学哲学系教授，台湾中国内学院院长。创办华藏视听图书馆、佛陀教育基金会与澳洲净宗学院。指导新加坡净宗学会创办"弘法人才培训班"。现今全球有百余所的佛陀教育机构聘请法师为永久导师；成千上万的听众，通过远程教学向法师学习。

除讲经教学外，法师对各类医药、教育、慈善救济事业也非常关注，不分国家、宗教、族群，平等真诚地贡献力量。一九九七年始，旅居新加坡三年，致力团结新加坡九大宗教，告知世人"世界不同宗教确实是可以团结的"！先后荣获美国得州荣誉公民、达拉斯荣誉市民、澳大利亚图文巴荣誉市民、印度尼西亚宗教部最高荣誉，以及澳大利亚格里菲斯大学、昆士兰大学、南昆士兰大学的荣誉博士学位与荣誉教授。二〇〇五年，荣获英国女王AM勋衔，再次肯定了法师对多元文化教育与宗教团结的卓越贡献。半个世纪以来，法师足迹遍及五大洲。多次代表各大学至亚、澳等地参加国际和平会议；数次陪同新加坡九大宗教、印度尼西亚五大宗教代表团，访问中国、罗马、埃及等宗教圣地与大学。所到之处，不仅深受佛教信众的拥护爱戴，而且与各宗教人士亲切交流，真诚学习，成为坦诚相待的老朋友。

二〇〇五年，联合国教科文组织驻澳代表，多次访问老法师，希望与澳洲净宗学院合作，邀请真正有爱心、有道德学问的老教授、专家学者讲演。法师倡导《弟子规》、《十善业道经》等基础教学，以中、英、阿拉伯、西班牙、俄、法六种语言，利用网络、卫星电视，二十四小时在全世界各地区反复播放，向全球人士提供认识学习神圣至善圆满伦理、道德、因果、宗教的教育。鉴于近代各宗教逐渐式微、偏重形式而缺乏实质的状况，法师积极提倡建立"宗教大学"或"多元文化大学"，培育各宗教教师传道人员，深入教义，提升素质。诚望各宗教学习者皆能恪奉仁慈博爱的精神，落实和谐社会的大同理想。

对于今日社会，老法师更加强调，唯有深明因果教育，才能真正自利利他，自度度他。若不明因果，纵然学习伦理、道德教育，亦容易流于表面，徒具形式。故清代周安士先生云：人人皆明因果，天下大治之道也；人人不明因果，天下大乱之道也。法师近年特别强调要落实《弟子规》、《十善业道经》、《太上感应篇》的教诲。因为此儒释道三门基础，实乃一切伦理道德教育之大根大本，若非切实履行，世出世间所有德行学问仅如空中楼阁，自行化他均难真实成就。

二十世纪英国历史学家汤因比博士曾说："欲解决二十一世纪的社会问题，唯有孔孟学说与大乘佛法。"多次参加国际和平会议的经验，使老法师深切认识到，唯有建立和谐社会示范区，才能使世人明白肯定"人性本善"，告知世人"和谐是可以落实的"。于是，法师秉持着"但开风气不为师"的处世原则，于家乡安徽庐江县汤池镇建立"文化教育中心"，培养伦理道德教育的师资，展开小镇全民伦常教育。使他们道德水平显著提升，民风纯朴，好礼知义。

二〇〇六年，老法师受联合国教科文组织总部之邀，参加了"纪念释迦牟尼佛诞辰二五五〇周年纪念暨佛教徒对人类的贡献"之盛会，并在会上多方阐扬："宗教是可以团结的，人民是可以教好的。圣贤传统文化教育对于现代社会仍深具实用。"

简言之，"真诚、清净、平等、正觉、慈悲，看破、放下、自在、随缘、念佛"是净空老法师立身处世不变的原则。"仁慈博爱"，"修身为本、教学为先"是他讲经教学的纯一主旨。"诚敬谦和"、"普令众生破迷启悟、离苦得乐"则为其生命的真实意义。

幸福美满的教育

佛教是佛陀对九法界众生至善圆满的教育。

释迦四十九年所说的一切经，内容就是说明宇宙人生的真相。人生就是自己，宇宙就是我们生活的环境。知觉名佛菩萨，不觉名凡夫。

修行就是将我们对宇宙人生错误的看法、想法、说法、做法，加以修正。

佛教的修行纲领是觉正净。觉而不迷，正而不邪，净而不染。并依戒定慧三学，以求达到此目标。

修学的基础是三福，待人依六和，处世修六度，遵普贤愿，归心净土。佛之教化能事毕矣。

释净空

目录

一 什么是佛法 · 001

二 什么是佛教 · 007

三 现代的变体佛教 · · · · · · · · · · · · · · · · · · · 011

四 佛陀的教育目标 · · · · · · · · · · · · · · · · · · · 015
　（一）佛教的学位制度 · · · · · · · · · · · · · · · · 016
　（二）佛教的教学目标 · · · · · · · · · · · · · · · · 018

五 佛教教育之入门 ——《地藏经》 · · · · · · · 021
　（一）大圆满 · 022
　（二）大乘圆满法——地藏·观音·文殊·普贤 · · · · 032

六 佛法修学五大科目 · · · · · · · · · · · · · · · · 035
　（一）三福 · 036
　　1.人天福 · 037
　　2.二乘福 · 046

3. 大乘福 ······························· 066

（二）六和敬 ··························· 085

（三）三学 —— 戒·定·慧 ··········· 099

（四）六度 ····························· 102

    1. 布施 ······························ 102

       （1）财布施 ······················ 104

       （2）法布施 ······················ 109

       （3）无畏施 ······················ 111

    2. 持戒 ······························ 113

    3. 忍辱 ······························ 115

    4. 精进 ······························ 118

    5. 禅定和般若 ···················· 123

（五）十愿 ····························· 127

七 佛法的修学次第 ················· 155

（一）信解行证 ······················· 156

（二）戒定慧齐修 ····················· 161

八 佛法的教学艺术 ················· 167

附录 精要十念法 ···················· 183

一 什么是佛法

什么是"佛"？

什么是"法"？

什么是"佛法"？

在修学佛法之前，对于佛法一定要有一个正确的认识，假如我们把佛法认错了，即使费了许多的时间修学，后来得不到结果，这就非常可惜！因此，我们先把"什么是佛法"，给诸位同修作一个最简单扼要的汇报。

佛教的创始人是释迦牟尼佛，世尊在三千年前，出现在北印度。根据中国历史所记载，佛诞生在周昭王二十四年（甲寅），于周穆王五十三年（壬申）入灭，住世七十九年。现代中国佛教，老一辈大德们对佛入涅槃的纪念日，便是用此纪年。历史上记载他老人家在世时，曾为大众讲经说法四十九年。佛入灭后一千年，也就是中国东汉明帝永平十年（公元67年），佛教才正式传入中国。

我们想要认识佛教，首先要知道：

什么是"佛"？

什么是"法"？

什么是"佛法"？

什么是"佛教"？

这几个问题，对于我们的修学，关系非常之大。"佛"这一个字，是从印度梵文音译过来的，是"智慧、觉悟"的意思。当年为何不用"智、觉"这两个字来翻译，而采取"佛陀"这个音译？因为佛陀的含义是无限的深广，我们中国字汇里的智觉二字不能全部包括。因此，就采用音译，再加以注解。"佛"之一字，有体、有用。从其本体上说是智慧，从其作用上来讲是觉悟。

就体上讲，智有三种：

（一）"一切智"：用现代哲学名词而言，就是正确了解宇宙的本体；这样的智慧，在佛法里称为一切智。

（二）"道种智"："种"是指宇宙之间种种繁多的现象，种类无量无边，这许多的现象是怎样产生、从何而来的？其现象、过程以及后来结果如何？能正确明了宇宙万象的智慧，则称为道种智。

（三）"一切种智"：就是对于宇宙人生的真相，究竟圆满的明了，没有一丝毫的迷惑，也没有一丝毫的误差，这样的智慧称做一切种智。

释迦牟尼佛具足这三种智。由此智慧起作用，当然对于整个宇宙人生的真相，得到完全正确的了解。智慧起用就是大觉。佛经上说"觉"也有三类："一、自己觉悟；二、帮助他人觉悟（称为觉他）；三、圆满的觉悟。"小乘阿罗汉、辟支佛，这些人自己觉悟。他们自觉之后，还没有发心主动去帮助别人觉悟；经典里常说这是小乘人。大乘菩萨自觉之后，能主动去帮助一切希望觉悟的人。

希望觉悟就是机缘成熟，菩萨一定会主动地帮助他，使他从自觉到究竟圆满的觉悟。究竟圆满正如其他宗教里赞美全知全能的主（上帝）一样，在佛教称之为"佛陀"。佛告诉我们，如此圆满的智慧德能，"觉"就是他的德能、他的作用，一切众生本来具足。

《圆觉经》讲得很清楚，"一切众生本来成佛"；这也是《华严经》上说的"一切众生皆有如来智慧德相"。换言之，众生与佛都是平等的，没有差别。现在我们把智慧德能都失掉了，如何失掉的？佛用一句话，把我们的病根说出来，"但以妄想执著而不能证得"。这就是我们的病根之所在。

我们从佛境界落到今天这个地步，就是受妄想、执著之害；每天还在继续不断地搞生死轮回，也是妄想、执著；生活过得这么苦，还是妄想、执著。妄想、执著的确是一切迷惑、灾难的病根！妄想、执著去掉一分，我们就得一分的自在，就恢复一分的智觉；要把妄想、执著断得干干净净，我们的佛性就重新又恢复，恢复到本来佛，此事实真相佛在大经里明白地告诉我们。

大智大觉的对象，就是无尽时空里所包含的一切万事万物。"万"不是数字，是形容极多——无量的无量。经上常说，人身上一根汗毛，或说微尘，这是讲小的。"正报"小的毛端，"依报"小的微尘；大的可到虚空法界，这一切事物就是我们智觉的对象，佛用一个代名词代表这些万事万物，此代名词就称为"法"。

所以，"佛法"这两个字连起来，就是无尽的智慧、觉悟，觉了宇宙人生的一切万事万法。中国人常讲"佛法无边"，确实是无量无边。所觉的对象没有边际，能觉的智慧也没有边际。无量无边的智觉，诸位要记住，是自己的本能。

不过这里还有一件事情是我们很不容易体会的，就是佛跟我们讲："我们本能的智觉与智觉的对象（宇宙人生万事万物），是一不是二。"对此我们是很不容易理解的。真实说，如果我们很冷静地去思维、观察：假如佛所说的这句话真的能成立，此智觉是究竟圆满的，这句话就可以相信，我们就应该相信；如果说"能知"跟"所知"是对立的，此智与觉就很难讲到圆满；换言之，那是有限的，不是究竟圆满的。但是佛告诉我们，"能知、能觉"与"所知、所觉"是一不是二。这是佛法里常讲的"一真法界"，也就是《华严经》最真实、最圆满、最高的境界。净宗讲的西方极乐世界都是属于一真法界。以上，我们明了佛法此名词的含义，对于什么是"佛法"，会有一个粗浅的认识。

民国初年有一位欧阳竟无先生，是当代的大佛学家，他在南京创立支那内学院，培养了不少的佛教人才，有出家的，有在家的。这一位大师，于民国十二年（公元1923年），在第四中山大学（现称南京师范大学）发表了一次讲演，讲题是："佛法非宗教，非哲学，而为今时所必需。"当时引起相当的震撼。他举了很多例子为佛法正名。这篇讲演由王恩洋居士整理印成小册，诸位仔细看看，他的观点是非常正确的。

二 什么是佛教

佛教是教学、是教育，不是宗教；它是智慧、觉悟宇宙人生的教育。

佛教究竟是什么？学佛的人不能不知道。"佛教"是佛陀的教育，是佛对九法界众生至善圆满的教育。教育内涵包括无尽无边的事理，比现代大学里的课程内容还要多。时间上，讲过去、现在、未来；空间上，讲我们眼前的生活一直推演到无尽的世界。所以，佛教是教学、是教育，不是宗教；它是智慧、觉悟宇宙人生的教育。中国孔子的教育，是讲一世（一生），从生到死的教育。佛法是三世的教育，讲过去、现在、未来。

佛教真的是教育吗？如果我们仔细观察，此疑问就会消除。在日常生活中，只有教学才有师生的称呼，我们称释迦牟尼佛为根本的老师（本师），就是表示这个教育是他老人家创始的，他是第一位创办人。我们自称为弟子，弟子是中国古时候学生的自称。由这些称呼就知道我们跟佛的关系是师生关系。

就宗教而言，上帝与信徒不是师生关系。佛门则是清清楚楚说明，佛与我们是师生关系；我们与菩萨是同学的关系，菩萨是佛早期的学生，我们是佛现在的学生，我们与菩萨是前后期的同学，菩萨是我们的学长，此事一定要清楚。

在日常生活中我们称出家人为和尚，其实在一个寺院里只有一位和尚。和尚是印度语，译作"亲教师"。就是亲自教导我的老师，就像现在学校里的指导教授，他是直接指导我的，关系非常亲近、密切。若不是直接指导我，则称为法师，这如同学校里的老师很多，但他没有教过我的课，没有指导过我。所以，和尚与法师的差别就在于此。代表和尚教学的老师称做"阿阇黎"。阿阇黎的言行，可以做我们的榜样、做我们的模范，我们可以跟他学习。这些名称只有在教育里才有，宗教里没有。由此可以证明佛教是教育不是宗教。

再从佛教道场的组织（中国佛教寺院）来看，寺院是佛教教学与佛教艺术相结合的教育机构，就像现在的学校与博物馆结合在一起。这种形式，就是现代所讲的艺术教学。现代人处处讲艺术，佛教在两三千年来就实行艺术教学。从寺院的组织也能看出它与现代的学校大致相同。和尚相当于学校校长，是主持教学政策的人，课程是他制定的，教师是他聘请的，这是和尚的职责。

和尚下面有三位纲领执事，分掌三个部门：掌管教

务的称"首座";掌管训导的称"维那";掌管总务的称
"监院"。名称虽然与学校不相同,实际上他们主管的
事务跟现代学校里的教务、训导、总务没有两样。可知
寺院机构的组织确实是一所学校,是一所非常完整的
学校。

中国过去称之为"丛林",丛林就是佛教大学。我
们从佛教的起源,一直到中国佛教的建立,可见它的确
是一个教学的体系,此事实必须要认识清楚,然后才知
道我们究竟在学什么。

三 现代的变体佛教

目前佛教在社会上有四种：

(一)"传统的佛教"

(二)"宗教的佛教"

(三)"佛学"

(四)"邪门外道的佛教"

在目前世界上，佛教至少有四种不同的形式，同时出现在世间，所以把我们搞迷糊了。

（一）"传统的佛教"。就是"佛陀教育"。但是传统的佛教教育现代很少见，其他的佛教多少也都是变质的。

（二）"宗教的佛教"。佛教本来不是宗教，现在变成了宗教。今天我们听人家说佛教是宗教，我们也无法否认！因为摆在外面的形式确实是宗教。不像从前的寺院丛林，每天上课八小时。你们看看，现在哪个寺院上八小时的课？古时候中国寺院每天上课八小时，修行八小时。修行有两种方式，一种是坐禅，一种是念佛。所以，修行人每天用功十六小时，解行相应。上课是听讲、研究讨论，这是理论上的；然后修清净心，修觉、正、净。每天有十六小时在用功，妄念当然少，所以成就很快。现在我们所见的佛教道场只是每天供供佛，修一点福报而已，佛教确实变成了宗教。

（三）"佛学"。佛教变成学术，变成了哲学。现在有些大学开"佛经哲学"这一门课，是把佛的教法当做哲学来研究。为何把佛教当做哲学研究也错了？诸位想想，佛教教育是一个完整的大学，所有的科系统统都包括在其中，现代只认定佛教是属于哲学的范畴，把它缩小得如此狭义，所以这也是错误的。欧阳先生讲得很好，佛教不是哲学，也不是宗教，佛法就是佛法，佛法是为一切众生所必需。它真正能帮助我们解决所有的问题，从现在的生活问题，到将来的生死大事，无一不能解决。可见佛教的教学内涵是非常的深广博大，所以认作学术也是变质。

（四）"邪门外道的佛教"。这是最近三四十年才出现的，那是非常的不幸。诸位要知道，宗教的佛教是劝善的，劝人做一个好人；学术的佛教追求真理、研究知识，对社会没有多大的伤害；若是变成邪教，变成外道，利用人性的弱点，拿着佛法做招牌，欺骗众生、伤害众生、扰乱社会、危害大众的安全，那是变质变得太不像话，变得太过分。这些邪门外道也有一些言辞、一些行为，很能吸引人、诱惑人。一旦涉入，等到事败，知道吃亏上当，后悔就来不及了。

诸位同修，目前佛教在社会上有此四种，我们要把眼睛睁大，要看清楚、想明白，我们究竟要学哪一种佛法，对于我们才真正有利益。

四 佛陀的教育目标

佛法是教学，是真的能让我们得到真善美慧，永恒真实幸福的教育。

（一）佛教的学位制度

佛教既然是教育，它的教育目的是什么？佛在许多的经论中，常常讲到"阿耨多罗三藐三菩提"，这是梵文音译，尊重所以不翻；这是佛教教学的总目标，翻译成中文是"无上正等正觉"。我们可以将它分为三个阶段来说明：一是"正觉"；二是"正等正觉"；三是"无上正等正觉"。

世尊告诉我们，世间人对于宇宙人生也有觉悟，只是觉悟不圆满。像科学家、哲学家、宗教家，对于世间事理他确实知道不少，但是不能算正觉。何以不称他为正觉？因为他虽觉悟，但是他的烦恼没有断，还有贪、瞋、痴、慢，还有是非人我。换言之，他还是凡夫，不是圣人，所以不能称为正觉。如果贪瞋痴慢、人我是非、烦恼都断尽，没有烦恼了，佛就承认此人是正觉，他得到了正觉的学位；佛教里称他为"阿罗汉"，这是最低的一个学位。阿罗汉以上的学位称为正等正觉，等是等于佛，但还没有成佛。等是指他的用心跟佛用的心是一样的。

由此可知，阿罗汉用的心跟佛不同，阿罗汉用的心跟我们是一样的，所差的是我们有烦恼，他没有烦恼，这个心在佛法里称为"识心"，就是假心，不是真心。我们用的心都是假的，都是妄心。所以，人与人之间往来不要太认真，今天别人对你好，要知道是假的不是真的。面对虚情假意，不可以当真；当真，你就生烦恼。再看世间人今天说爱，明天就离婚，这成什么话？可见这不是真的！

菩萨用心是真的，真心是永远不变的。佛用真心，菩萨也用真心；佛用的是"圆满的真心"，菩萨是"分证的真心"。佛在经上用月亮来作比喻，十五的满月比喻佛心。菩萨的心像初三、初四的月牙。月牙上的月光，那个光是真的，还是假的？真的！一点也不假，只是不圆满而已。所以，初三、初四一直到十四都是菩萨心，他是真心，但没有圆满，我们称为"正等正觉"。阿罗汉与辟支佛用的心，好像是水里的月亮，镜子里的月亮，称镜花水月，都不是真的。从用心上看，菩萨的心跟佛的心很相似、很接近，是真的不是假的。所以，纵然是初住菩萨，刚刚破一品无明，证一分法身，他用的心就是真心，绝对没有虚妄，这称为正等正觉。修学得到正等正觉，此学位称为菩萨。阿罗汉好比是学士，菩萨好比是硕士，佛好比是博士。

所以，佛是通称，不是释迦牟尼佛一人独称；任何人智慧达到究竟圆满，就是真心圆证，就称之为佛。佛所证得是"无上正等正觉"。所以，佛、菩萨、阿罗汉是佛教学位的名称，他们都是人，不是神仙，诸位千万不要把他们神格化！总之，佛是觉了宇宙人生的真相，拥有究竟圆满的智慧，这也是佛教教学的目标。所以，佛法是智慧的教育、智慧的教学。

（二）佛教的教学目标

佛教教学的方针是彻底破除迷信。佛门常讲："破迷开悟，离苦得乐。"迷是什么？对自己、对生活环境的真相不了解。因为不了解真相，往往就看错了，也想错了；看错、想错，也就做错。做错的结果就是苦。如果一个人对于宇宙人生的真相能真正理解，没想错、没看错、没做错，所得的结果一定是快乐。所以，"破迷开悟"是从因上说;"离苦得乐"是从果上说。

为达到此目的,佛教教学的方针是"破除迷信,启发真正的智慧",让我们有能力在现实环境里辨别真妄邪正是非,乃至于善恶利害。然后再帮助一切众生建立理智、大觉、奋发、进取、乐观、向上的慈悲济世的宇宙人生观。可见佛教既不消极,也不落伍,是能给我们真实利益的。《无量寿经》说,佛教是圆满地帮助我们解决众生一切苦难的问题,让我们每个人在这一生中得到幸福快乐、家庭美满、社会和谐、国家富强、世界大同。这就是佛教在我们世间的目标,至于未来的目标——断烦恼、出三界,其殊胜的利益就更不可思议。大家要认清楚,佛法是教学,是真的能让我们得到真善美慧,永恒真实幸福的教育。

五 佛教教育之入门
——《地藏经》

《地藏经》主要是给我们讲，入佛门最初的修学方法就是"孝亲尊师"。佛陀教育是师道，师道建立在孝道的基础上。不孝父母如何会尊重师长？不尊重师长，不肯听老师的话，老师再有学问、再有能力，也没有办法传授给他。所以，尊师重道才能成就学业。

《地藏菩萨本愿经》是佛门的孝经。孝道就是大圆满的大根大本，一切圆满从这里开始。

（一）大圆满

　　佛家的教学目的、方针我们知道了，再要说明的就是佛一生中所说的法。佛说什么法？就是给我们讲解宇宙人生的真相。后来学生将其记录下来，就是现在的经典；经典就是佛教的教科书。

　　大乘佛法启蒙的经典就是《地藏经》，此为初学入门一年级的教科书。这层真实义在《地藏经》上给我们讲得很清楚、很明白，但它不是用言语而说的，用放光来表示。世尊在此法会上，一开始就放大光明，放无量的光明。经文上记载有："大圆满光明云、大慈悲光明云、大智慧光明云、大般若光明云、大三昧光明云……一直到大赞叹光明云。"这十句是表法的，不是只有十种，而是代表无量无边。因为中国人一般认为从一到十，十是一个圆满的数位，这和《无量寿经》里讲无量的意思完全相同；《无量寿经》讲的无量就是《地藏经》讲的圆满。圆满讲了十个，无量只讲一个寿。

　　诸位要晓得，不单单是无量寿，一切都无量，一切无量中寿命为第一，诸位试想：你有无量的田园、无量的金银财宝，如果没有寿命，谁去享受？所以，净宗用一个字"寿"来代表一切无量，而《地藏经》里就用十种光明云来代表。一即是多，多即是一，无尽的宇宙人生都给我们说明了。

佛究竟依据什么给我们讲经说法、为我们说明宇宙人生的真相？第一就是"大圆满光明云"。密宗讲的大圆满就是显宗讲的"真如自性"；真如自性就是大圆满。真心、第一义谛，都是显示大圆满的意思；下面接着举出九种都是说明大圆满。给你讲慈悲，慈悲是圆满的；给你讲智慧，智慧是圆满的。样样圆满、事事圆满，无一事不圆满，这才是大圆满。大圆满就是自己的真如本性。佛是从此地给我们说出无量无边的经典，告诉我们宇宙人生的真相。所说的一切皆是我们本来具足的，都是自己本有的。因此，世尊四十九年所说，没有说别人，皆是说我们自己。所以，此教育与一般教育的确不同，这是与我们自己切身相关的。总而言之，释迦牟尼佛为一切众生，说什么法？一言以蔽之，就是为我们说大圆满法。

世间人每天辛苦、努力地工作，为的是什么？什么力量在推动，使他们勤苦工作，早出晚归？我想大家都能答出，是名利。利比名还重，假如今天一点好处都没有，一分钱都得不到，他肯不肯去做工？自然就懈怠、懒散，不肯工作。所以，社会运作的动力根源就是利，其次就是名。佛菩萨既不爱名，也不要利，他在十法界比我们还要辛苦，比我们还要努力，在那里认真教学，这是什么力量在推动？这个力量就是第二句讲的大慈悲光明云。

诸位想想，做母亲的对于她的孩子，特别是婴儿，照顾得无微不至，她为的是什么？她是为名、还是为利？她什么都不为，是出自于内心的爱护，此爱心就是慈悲心。佛对于一切众生大慈大悲，这种慈爱是平等的，是没有任何条件的，这是一个无比强大的力量永恒地在推动着诸佛菩萨，无有止境地在十方世界教化无量无边的众生。所以，在大圆满光明云之后，就说出大慈悲光明云。

我们学佛的人，自己修行，也劝导别人修行，这就是弘法利生。将佛法介绍给别人，推荐给别人，这是什么力量？也是慈悲的动力，这才是真正的佛法。假如是为名去讲经，为自己的知名度；或为利，讲一部经要收多少钱，就大错特错，完全不是佛法，与佛法的根本精神完全相违背。佛法自行化他没有任何条件；佛法流通，亦复如是。

再看现代印的经书，往往印上"版权所有，翻印必究"。这是生意买卖，不是利生流通。别人送我佛书，我首先看看版权页，如果有这八个字，我就不看了。问我为何不看？真善知识为利益众生，必定不要版权，欢迎翻印。心量大，报恩慈济心切，心行相应的，其言语文字才可作后学参考；心量窄小，名利没有放下的人，焉能写出好文章，又如何能说出大圆满，何必浪费时间、浪费精力。

慈悲要建立在理性的基础上，不能感情用事。感情用事是迷，是错误的。所以，佛门里常说："慈悲为本，方便为门。"这是佛教化众生的两大原则。后来佛家又说："慈悲多祸害，方便出下流。"这与正说恰好相反。原因何在？如果失掉理性，感情用事，慈悲就是祸害，方便就是下流。因此，接着就讲"智慧大圆满"，大圆满的智慧流出大圆满的慈悲。智慧就是方便法，用种种不同的方法手段，加上大慈大悲的力量在推动，如此才能帮助无尽的众生破迷开悟，离苦得乐。

第四句讲"大般若光明云"，圆满的般若。般若跟智慧的差别何在？《大般若经》说得很明白："般若无知，无所不知。"无知是般若；无所不知是智慧。换言之，一个是体，一个是用。或者我们从另一个角度来观察这两个名词，我们的理解就能更清晰一些。能说明宇宙现象的这种智慧，称为智慧；能断烦恼、破无明的智慧，称为般若。般若智慧能断无明烦恼，称为"根本智"；能解释宇宙万有现象，称为"后得智"。

诸位要知道，后得智是从根本智里生起来的。如果自己对于整个宇宙的大圆满，不能彻底证得，如何能说得出来？修行人证得的是般若波罗蜜。像中国的禅宗不是单讲六度里的第五度——禅定波罗蜜，而是讲般若波罗蜜。在《坛经》中，六祖惠能大师教大家总念"摩诃般若波罗蜜多"，可见禅宗修的是般若，不只是禅定。

般若、智慧；一个是讲智慧之体，一个是讲智慧之作用；一个是"无知"，一个是"无所不知"。诸位一定要知道，只有无知的般若才能断烦恼、破无明。无明、烦恼破尽，就证得自性的大圆满，恢复自性本有的能力，它起作用就是无所不知、无所不能；智慧、般若的光明云，含有如此深的意义。这两种智慧（智慧与般若），都是前面教学目的中所说的"无上正等正觉"，也就是"究竟圆满的智慧"。

智慧是从何而来的？是我们的本能，自性本具的、本有的。现在没有了，到哪里去了？佛说是我们自己迷失了，不是真的失掉，只要觉悟智慧就恢复。要用什么方法帮助我们破迷，恢复我们自性本具的圆满智慧？佛教给我们一个方法——禅定，《地藏经》上称为"大三昧光明云"。三昧是梵语，译作"正受"，就是禅定的意思。

佛法讲修行（修是修正,行是行为），就是修正自己错误的行为。行为实在太多了，岂能说得尽！所以，佛法把无量的行为归纳为三大类："一是身体所造作的身业行为；二是言语所造作的口业行为；三是起心动念，意业行为。"行为无论有多少，总不出这三个范围，所以称为"三业行为"。思想错误、见解错误、言语错了、动作错了，这就是错误的行为；把一切错误修正过来才是修行。

三业行为的修正，要以心为主，禅宗讲："修行要从根本修。"何谓根本？心是根本，起心动念是根本。心正，我们的言行一定正；心不正，就是想学也学不像，很容易被人识破，所以要从心地修起。三昧就是心定。佛法讲行门是无量无边，有八万四千法门（法是方法，门是门道），这许多方法、门道都是修定。千万不要以为只有禅宗才修定，其实哪个宗派不修定？只是不称为禅定而已。净宗"一心不乱"就是禅定；教下修"止观"，止观就是禅；密宗是"三密相应"，相应就是禅。

由此可知，佛教宗派、法门里用的名称虽然不一样，实际上所说的是同一件事。所以，"法门平等、殊途同归、并无高下"，哪一种方法我用得很习惯、用得很自在、很顺利，我就用哪个方法。佛法修学最关键的，就是"一门深入"，不要学很多法门，法门学多就会产生迷惑，反而不容易成就，这是非常非常重要的观念。三昧是佛家修学的枢纽。戒、定、慧三学，因戒得定，因定开慧。所以，般若智慧是从禅定中生出来的，这是自性本定，称为大三昧光明云。

十种光明云，前面一半是讲原理，后面一半是讲原则。原理就是佛说法所根据的原理，为我们说出来，后面讲原则。第一是"大吉祥光明云"。吉祥是什么意思？凡是我们本分应该得到的，我获得了，这是吉祥；不该得到的我得到了，就是不吉祥。这是吉祥的一般定义。它在此地的含义是非常之深。尽虚空遍法界，无论是理论，还是现象，都是我们应该知道的；一切万事万物的受用，也是我们应该要得到的，这称为大吉祥。例如，一心念佛想生到西方极乐世界，西方极乐世界的依正庄严，是你应该享受的。你要是生到华藏世界，毗卢遮那佛的依正庄严，也是你应当享受的，这是吉祥的本意。

此地佛应机说法，就是最吉祥。佛说法，第一绝对不违背真理，也就是宇宙人生的真相决定不能违背；第二还要适合众生的程度。假如不合乎程度，或程度浅，讲得太深他听不懂，亦是枉然，这就不是吉祥；如果程度深，讲得太浅，他听起来没味道，也是不吉祥。所以，"契机契理"的说法是最吉祥的。佛没有白说，我们没有白听，真正得到真实利益，此为最吉祥，这是大吉祥，是圆满的吉祥。

其次讲到"福德"，大吉祥是要契机契理，要适合众生的根机。我们现前大众念念不忘的，心心追求的，大概就是财富、智慧、健康、长寿，这些都是我们眼前希望得到的，这是福德。如果佛不把这些东西给我们，而让我们学佛，我们就会掉头而去。眼前所想的都得不到，说来生来世得大福报，这太渺茫了！什么时候能享受到？所以，眼前的福利必定要能得到，我们自然会相信将来有更大的福报，这才讲得通。好像开花、结果一样，现在花开得美好，我们才会相信将来果实一定结得好；若是现在花都不开，说将来会结好果实，我们当然不能相信。所以，吉祥之后，一定是大福德。大福德如何才能得到？福德是果报，果之前一定要修因；修什么因得什么果报。

佛教讲"功德"。功德跟福德不一样，功德才是真实的。诸佛成佛之后，他还用一百劫的时间专门去修福，因为没有福报不能度众生。一个人虽会说法，大家看他没有福，就不会相信他；如果说这大福德是我修行得来的，别人见到很羡慕，自然就会跟他学。所以，有智慧还要有福德才能度众生。所谓"因戒得定，因定开

认识佛教

0
3
0

慧"，戒、定、慧三学是属于功德。这是佛法真正要教给我们的，修福、修慧，福慧双修。

修行一定要有方法，方法里最重要的就是要有一个标准，我们要依靠一个标准，此标准就是大皈依。大皈依不是平常讲的皈依佛法僧三宝；大皈依是皈依大圆满的自性，是圆满的自性三宝。最后是"赞叹"，赞叹实在讲就是教化众生。赞叹自性圆满的功德，赞叹自性无量的功德。佛教教我们什么？就是教我们要证得圆满的自性。禅宗常说："父母未生前本来面目。"本来面目就是大圆满的自性。佛法所教，佛法所学，皆以此为目标、以此为方向。

以上所说是依据《地藏菩萨本愿经》，经文开端世尊放光，光中包含无量无边的义趣，这里略说十种（十是代表圆满的意思）。这一段经文，一般很容易含糊笼统念过，不晓得这其中的密意。不仅是《地藏经》依此而说，佛所说无量无尽的经论，无一不是从"大圆满"流露而宣说出来。所以，前五句是大圆满的自性，后五句是自性的起用，也就是大圆满的作用。这是佛陀教学的依据。在大乘经典里，像这样的经文佛时常说，有时候用言语说，有时候用放光来表示。我们不可以不知道。知道这些，读经就会很有味道。

（二）大乘圆满法 —— 地藏·观音·文殊·普贤

大乘佛法的修学次第，是以四大菩萨做代表。第一位是九华山的地藏菩萨，第二位是普陀山的观音菩萨，第三位是五台山的文殊菩萨，第四位是峨眉山的普贤菩萨。用四大菩萨来代表整个佛法。

"地"是大地，大地生长五谷杂粮养我们的身命，我们离开大地就不能生存。地下的资源宝藏，使我们的生活得到满足。所以，佛就用大地比喻我们的心地。我们的心地是真正的大圆满，本来具足无量的慈悲、无量的智慧、无量的般若，乃至无量的吉祥、无量的福德。因此，佛所说一切经论，没有一样不是无量的。不但一切经皆是大圆满，甚至于每一部经字字都是大圆满。诸位何时能看出这其中的奥妙，才知道其味无穷！

《地藏经》主要是给我们讲，入佛门最初的修学方法就是"孝亲尊师"。佛陀教育是师道，师道建立在孝道的基础上。不孝父母如何会尊重师长？不尊重师长，不肯听老师的话，老师再有学问、再有能力，也没有办法传授给他。所以，尊师重道才能成就学业。《地藏菩萨本愿经》是佛门的孝经。孝道就是大圆满的大根大本，一切圆满从这里开始。

再将大圆满扩展提升，我们提倡孝亲尊师，将孝敬发扬光大，孝敬一切众生，没有分别、没有执著、一切平等，孝敬虚空法界一切众生，这就是观音法门。所以，观音是地藏的发扬光大，没有地藏就没有观音。好像盖楼房一样，没有第一层楼哪有第二层；观音是地藏的发扬光大，称为大慈大悲。

孝、慈不能感情用事，一定要依止在理智的基础上，才能得到真实的受用，得到正面的好处。所以，第三位就是文殊菩萨，他代表智慧。普贤菩萨代表实践，将孝敬、慈悲、智慧应用在日常生活中。我们从早到晚，对人、对事、对物，能从心所欲而不违背此原则就是普贤菩萨。谁是普贤？人人都是普贤，普贤法门是圆满的法门。所以，《华严经》云："不修普贤行，就不能圆成佛道。"普贤是心心大圆满、愿愿大圆满、行行大圆满。如果这当中没有真实的智慧，普贤菩萨的大愿就不能圆满。四大菩萨表显此义，是代表大乘圆满的佛法。所以，要从地藏学孝敬，进而学习观音的大慈、文殊的大智、普贤的大愿大行。

六 佛法修学五大科目

(一) 三福

(二) 六和敬

(三) 三学——戒·定·慧

(四) 六度

(五) 十愿

（一）三福

佛说法是非常活泼的，是因人施教没有定法的。佛的教法，无论如何说法，都离不开大圆满。换言之，皆是从自性中流露出来的，因此法门是真正的平等。就如同《华严经》讲的"主伴圆融"，一个为主，其他一切都是伴。如果我们以本师释迦牟尼佛为主，一切诸佛就是伴；以毗卢遮那佛为主，释迦牟尼佛就是伴；以阿弥陀佛为主，毗卢遮那佛也是伴。任何一尊佛都可以做主，也可以做伴，主伴圆融。佛如是，菩萨也不例外。假如我们学佛，以观世音菩萨为本尊，诸佛都是伴；以地藏菩萨为本尊，观音菩萨就是伴。佛的经典亦复如是。我们以《无量寿经》为主，一切经都是伴；以《金刚经》为主，《无量寿经》是伴，《华严经》、《法华经》都是伴。因此，这才看到它真正平等，真正的自在无碍，然后我们才能谈教学的纲领。

在佛门中，无论修学哪一个法门，都是赞叹这个法门是第一。说这个法门第一并不显示其他法门就是第二，这点一定要清楚，才不至于犯过失。犯什么过失？

自赞毁他。这就犯了大戒，是错误的。在修学纲领上，像《观无量寿佛经》缘起中说到，韦提希夫人家庭遭遇了很大的变故，对于人间疾苦才真正体会到，这才要求释迦牟尼佛说："这个世界太苦了，实在没有意思，有没有更好的生活环境、更清凉的世界、没有造恶的世界？我希望往生到那里。"

释迦牟尼佛非常慈悲，就把十方诸佛的世界，以神力变现在她面前，让她自己去观察、选择。她实在也不负释迦牟尼佛的期望，她选中了西方极乐世界，要求释迦牟尼佛教给她往生西方极乐世界的方法。佛在没有说明方法之前，教她先修三种净业，并且告诉她，这三种净业是"三世诸佛净业正因"。这句话非常重要，使我们明了三世一切诸佛（过去佛、现在佛、未来佛）修行证果，都要依此三福为基础。这就好像我们盖楼房，无论盖多高、盖什么样式，地基都是相同的。"净业三福"就是佛法共同的基础，一定要从此基础上建立，才能成就一切佛法。这是非常重要的。

1. 人天福

净业三福，一是"孝养父母，奉事师长，慈心不杀，修十善业"；二是"受持三皈，具足众戒，不犯威仪"；三是"发菩提心，深信因果，读诵大乘，劝进行者"。共十一句。我们在经中看到，佛常称之"善男子善女人"。何谓善？善的标准是什么？就是要具足这三种净业。十一句都做到，才是大经上所称的善男子善女人，可见其标准很高。如果是小乘经，只具备前面两条就够了；如果是人道、天道里的善男子善女人，只需具足前面一条就够了。现在我们讲《地藏经》是大乘佛法，《无量寿经》也是大乘佛法，所称的善男子善女人，三福十一句都要做到！若有一句做不到，就不能称为善男子善女人。我们读经，想想自己是善男子善女人吗？

佛说法，无论是讲基本的修学方法，还是讲宇宙人生的真理，字字句句都与大圆满相应。也就是说都从真如本性里流露出来的，法法皆是大圆满。此三福十一句，也是字字圆满。我们看第一句："孝养父母。"孝字是会意字，我们要体会此字的意义。孝字上面是"老"，下面是"子"，这就是告诉我们，上一代跟下一代是一体，是一不是二。西方人父子是二，不是一，所以有代沟，这不是孝道；孝是没有代沟的。过去还有过去，未来还有未来。过去无始，未来无终，无始无终本是一体。就是佛法里讲的，"竖穷三际，横遍十方"。换言之，整个宇宙就是一个孝字。但是，什么人能把孝道做得圆圆满满？只有诸佛如来。如果不成佛，无论如何孝字也做不到大圆满。

"孝养"，孝指理性，养指行德；不但是奉养父母之身，须知养父母之心、养父母之志。戒经说："一切男子是我父，一切女人是我母。"这是把孝顺父母的心发扬光大，尽虚空遍法界，就是一个孝道。所以，大乘佛法是建立在孝道的基础上。佛法是师道，是以孝道为基础，没有孝道就谈不上师道。一个人如果不孝敬父母，而会恭敬老师，这在理上是讲不通的；这种情形必然别有企图，存心巴结老师，必是不怀好意。孝顺父母又尊重老师，才是理所当然，人人应该如此。明白此事实真相，才知道佛菩萨、中国古圣先贤教导我们的就是孝道。《地藏菩萨本愿经》是佛门的孝经，唯有孝敬才能开发我们自性无尽的宝藏。孝敬是性德，唯有性德才能开发自性。

因此，在三种净业里，孝排在第一句，它是根本的根基，非常的重要。中国人敬祖先，祖先去我们很远很远，几百年、几千年甚至几万年，我们逢年过节还要纪念他。为何要纪念？诸位要明白其中的道理，就晓得纪念的意义。因为他跟我们是一体，没有分隔，一心真诚的纪念，就是自性的一念相应。我们连远祖都念念不忘，眼前的父母哪有不孝顺的道理。远祖都还念念不忘的人，一定会孝顺父母；孝顺父母的人就会尊敬师长，这是性德之大用。假如有人不尊敬师长、不听老师话、不好好地学，父母就操心，那就是不孝。再者兄弟要和睦，若不和睦，使父母忧虑，也是不孝。工作认真负责的人，一定奉公守法，不令父母担忧，不让父母牵挂，这也是孝顺。所以，孝道确实是性德的究竟圆满，佛教导我们从此地学起。

尊敬老师，佛是我们最早的老师，三千年前创始的老师，我们对于这位老师都尊敬，都念念不忘，眼前的老师岂有不尊敬的道理。同样之理，我们供奉佛像，不是把他当做神明来看待，而是把他看做本师遗像；是报本返始，是报恩的意思。这就是何以佛弟子要供佛像、要供祖先，它有非常深远、广博的教育意义在其中。使我们看到祖宗的神位，看到佛菩萨形像，就想到孝敬，想到孝亲尊师。

佛法在《地藏经》上大圆满之后，接着就讲慈悲；三福中孝亲尊师之后接着也是讲慈悲。从这里我们就晓得，慈悲是性德，是非常重要的一门科目。孝敬之扩大就是慈悲。慈悲，第一就是不杀，此用意很深。如果不熟读《地藏经》，要不把《地藏经》参透，你对于这一句真正的含义就无法理解。真正参透了才晓得，一切恶业中杀业最重。何以故？一切有生命的众生，无一不珍惜自己的生命，无一不贪生怕死。虽然杀生是冤冤相报，但是，当他受果报之时，他是不会想到我前世杀他，今天我就应该被他所杀害；前生我吃他的肉，今生我的肉也应该供养他。如果能如是想，业债偿清就了结了。假如他不是如此想，而怀恨在心，你杀我，我来生一定还要杀你，这冤冤相报就永远没有止息，且仇恨必定愈积愈深，这才是真正最可怕的。

所以，讲慈悲，慈悲包括的范围是无限的深广，因此佛特别提出这一件事来。换言之，杀生就是不敬老师、不孝父母。佛教给我们五条根本戒，第一条就是不杀生。我们今天还在杀生，违背老师的教训，就是不敬老师。不敬老师也就是不孝父母，因为父母希望我们听老师的话，依照老师的教训去奉行。今天不听老师的话，去杀害众生，不但失去慈悲心，孝敬也都丧失了，此意义很深很深，大家要细细去体会。

最后一句是"修十善业"，十善业是世间善法的标准。佛告诉我们，能修此十种善业，决定不堕三恶道。上品的十善业能生天，如果再加上禅定、四无量心（慈悲喜舍），就生到很高的天界，如色界天、无色界天。

佛将十善归纳为三大类："身、口、意。"身业有三："不杀生、不偷盗、不邪淫。"这是对在家同修们而说的；如果是出家，就改成不淫欲，要把贪爱断干净。

如果淫心没有断，无论修任何法门，功夫善行修得再好，定力再深，也只能生欲界天；欲界有六层天，愈往上情欲愈淡。由此可知，真正修禅，得禅定的人，即使得初禅（世间禅），其定功就能把淫念伏住，决定不起作用；财、色、名、食、睡，这五欲的念头也都不会生起。虽然没有断根，但因禅定的功夫，而伏住了这些妄念，不使它生起来。如此，才有资格生初禅天以上。

明了此事实，就知道参禅得定是不容易的。你去参禅，要认真地想想，财色名食睡，这五欲还动不动心？如果动心，初禅天就没分；真正不动心，禅定才能成就。所以，学禅定的人很多，得禅定的人很少；得小定（未到定）或许有，真正得禅定生色界天的人就不多了。

偷盗是不与取，譬如有人投机取巧想漏一点税，"漏税"是偷盗，是偷盗国家的，所犯的罪就更重了。偷盗一个人，将来只还一个人的债；偷国家的，这个国家有多少老百姓纳税，其人人都是债主。美国有两亿人口，两亿人都是债主，这还得了，还不清！因此，真正学佛的人，一定是奉公守法，决定不敢投机取巧。所以，不犯盗戒、不犯淫戒、不犯杀戒，就是身业清净。

口业有四。口是指言语，有四种善法。一、"不妄语"。妄语是存心欺骗人，也就是不诚实。二、"不两舌"。两舌是挑拨是非。在甲面前说："乙说你的不是。"在乙面前说："甲说你的不是。"这是斗乱二头，挑拨是非，无论是有意无意都犯两舌。社会上有很多人在无意当中挑拨是非，所以有的时候传话，愈传愈讹，把意思传达错了。本来无有此意，他在传话中，任意增减语句，就把人家的原意全部颠倒，这是很大的过失。小者使二人失和，大者使两国交战，这种过失很重，决定不能疏忽。三、"不恶口"。恶口就是说话没有分寸、没有礼貌、很粗鲁，使人听了之后很难受。四、"不绮语"。绮语是花言巧语，说得非常好听，可是用意不善。像现代社会上许多电影、歌舞、音乐，听起来很好听，看起来也不恶，想想这些内容都在教人什么？都是教人造杀、盗、淫、妄，凡是这一类的都是属于绮语。要离这四种恶业，口业就清净。

意业有三，就是指起心动念。所有的念头归纳为三大类："不贪、不瞋、不痴。"贪是贪爱，包括吝啬，就是常讲的悭贪。欲望没有满足，莫不在拼命追求，希望得到满足，此是贪心；已经得到的，不能放下，不肯施舍帮助别人，这是吝啬，二者是谓悭贪，这是修学最大的障碍。佛教导我们用布施的方法消除悭贪的障碍。

有些老同修对世法名闻利养、五欲六尘不贪了，这很难得；可是他贪佛法，这也想学，那也想学。诸位想想，他的贪心没有断。佛是教我们要断贪心，不是教我们更换贪的对象。从前贪世间法，现在贪佛法，贪心还是在，此是错误的，这是绝对不正确的。所以，佛法、世法都不能贪爱，贪爱是一切罪障的根源。

其次是瞋恚。何以会瞋恚？贪不到就生瞋恚；如果贪得到就不起瞋恚心。瞋恚是很大的烦恼，"贪、瞋、痴"称为三毒烦恼。悭贪是饿鬼的业因。为何人死了会变饿鬼？贪心未断。为何会堕地狱？瞋恚没断。为何会变畜生？愚痴之故。

何谓愚痴？就是没有智慧。世法佛法有真有假、有正有邪、有是有非、有善有恶，他不能辨别，认识不清楚，把假的当做真的，把邪的当做正的，无论他是有意无意，都是愚痴。此三毒烦恼是明心见性最严重的障碍。佛法的修学，特别是禅宗祖师大德所提倡的，从根本修。根本是心，远离贪瞋痴，断灭贪瞋痴，真心自然显露，这是从根本修。

合此身三、口四、意三，总称十善业。我们都能做到孝养父母、奉事师长、慈心不杀、修十善业，这才能算是世间的善人。但是这还不符合佛在经典里讲的善男子善女人，因为这个标准比三福第一福还高，可见最低的标准我们已经不容易做到。这些年来，提倡选拔好人好事，是不是好人？有没有具足这些条件？如果没有具足这四条就很难说，选出来的未必是好人。好人的标准要遵守佛法这四条，真的不容易做到，但是这是善的最低标准，所以不能不认真修学。

2．二乘福

三福第二句是二乘福，就是小乘佛法。我们知道大乘是以小乘为基础的。在隋唐的时候，小乘传到了中国，经典翻译得很完整（巴利文经典只比它多出五十部），而且也盛行了一段时间，但是时期很短，在唐朝的末期小乘就衰了。为何小乘佛法在中国失传了？诸位要知道，从前学佛的人，都有儒家、道家的基础。中国儒学与道学（道家不是道教）足以代替小乘。儒家、道家的思想，确实很接近大乘，因此在中国儒与道就代替了小乘。过去学佛的人读过四书、五经，读过老庄这些典籍，所以修学大乘佛法的基础非常稳固，是这样一个原因，致使小乘衰落了。今天我们修学大乘佛法，小乘经不学，儒家、道家也不学，就好像盖大楼而忽略了地基的建筑。甚至连第一层也不要了，就要从第二层盖起，

这是空中楼阁，如何盖都盖不成。这就是我们这一代，没有见到真正佛法人才出现的原因。

小乘佛法是建立在人天的基础上，就是孝亲、尊师、慈心、修十善业，有此基础才能真正步入佛门，具足学佛的条件。入佛门应先拜老师，受三皈戒。三皈戒是很隆重、严肃的大事，不是小事。这是正式拜释迦牟尼佛做老师，愿意一生依照老师的教训来修学、来修行。正式拜老师，老师就得传授修学的总纲领，以及指导的总原则。

从此修行有了标准，此标准就是修正行为最高的指导原则，称为"传授三皈依"。三皈是："皈依佛、皈依法、皈依僧。"古时候讲三皈，大家都懂，不会错解其意。但是，佛法传到现在，大家一听到佛、法、僧，很多人都错解了三皈的意义。听到"皈依佛"就想到佛像，皈依佛像就错了；听到"皈依法"就想到经典；听到"皈依僧"就想到出家人，三皈的意思完全搞错了。

唐朝时候，禅宗六祖惠能大师唯恐后人对三皈产生误解，所以在《坛经》传授三皈，就不是讲皈依佛、皈依法、皈依僧。他从三皈的意义上讲，不用佛、法、僧的字样，而说皈依觉、皈依正、皈依净，使我们耳目一新，一听就明了其中的义趣，不至于误会。然后给我们解释，"佛者觉也"，佛就是觉悟的意思；"法者正也"，法就是正知正见；"僧者净也"，六根清净，一尘不染。所以，我们修行的主要依据，是要依自性觉、自性正、自性净，此称做"自性三宝"，这是我们真正的皈依处，而不是皈依某一个人。这一定要认识清楚，否则才入佛门，第一堂课就错了，一错就错到底，你还能有什么成就？所以，传授三皈时，传授证明的老师，一定要将三皈的真正意义解说明白，这才是真正的传授三皈。我们听了欢喜接受、依教奉行，从此时起，你就是释迦牟尼佛的学生、诸佛如来的学生。如果真正是佛的学生，经上说有三十六位护法神，日夜保护你。如果皈依错了则是假的，那就得不到诸佛护念，及护法神的保佑。

首先说"皈依佛"。何谓皈依？"皈"是回头，"依"是依靠。我们从久远劫以来，在六道里流转轮回，实在是无依无靠，非常之可怜。这是没有遇到真善知识，没有遇到好老师；今天遇到了好老师，老师教导我们："要从迷惑颠倒回头，依靠自性觉。"自性本来觉，所以皈依佛，不是外面的佛，是自性佛。净宗常说："自性弥陀，唯心净土。"弥陀是自性变现的，释迦也是自性变现的，十方三世一切诸佛如来，都是自性所现之佛。所以，我们皈依的是自性佛，就是自性觉。佛是觉的意思，从现在起我们要"觉而不迷"，无论对人、对事、对物，一定要觉悟，决不能迷惑。觉而不迷才是真正的皈依。如果你皈依佛，还是迷惑颠倒，你就没有回头，也没有依靠，你所皈依是有名无实，得不到护法神的保佑，得不到感应。所以，一定要认识清楚，皈依自性觉。

"皈依法"，法是对宇宙人生的看法、想法完全与事实真相符合，就是正确的思想、正确的见解。在佛经里称为"正知正见"，或是"佛知佛见"。这是自性的法宝，不是从外面来的。佛陀教导我们从错误的想法、错误的看法回过头来，依自性的正知正见，这就是皈依法。所以，法是自性的知见，不是跟着别人走。佛之伟大，佛之令人敬佩，就在他没有牵着我们的鼻子走，佛完全是教我们做一个顶天立地、独立自主的人，这是他最值得我们尊敬之处。

"皈依僧"，僧是清净的意思，六根清净。六根是

"眼耳鼻舌身意"；接触外境有六尘，即"色声香味触法"。凡夫根尘相接都会被外境污染。接触到顺自己意思的就起贪心，贪就是污染；不顺自己意思的，就起瞋恚心，被瞋恚所污染。所以，诸位要知道，五欲七情都是污染，此是心地的污染。佛告诉我们，自性本来是清净的，没有污染，我们要从一切污染回过头来，依自己的清净心，这才是皈依僧。

三皈依总结而言，"皈依佛"就是觉而不迷；"皈依法"就是正而不邪；"皈依僧"就是净而不染。佛教导我们修正思想、见解、言行的三大要领（三个标准）就是"觉、正、净"，这是自性三宝。觉正净，每一个人都有，皆具足。往昔我们把它忘掉了，从今而后要回过头来依靠它。佛告诉我们，要时时刻刻，念念之中想到觉正净，这才能称做三皈依，这是真正的皈依。

觉正净这三个原则就是三宝。三宝是一而三，三而一。试想一个真正觉悟的人，他的见解会有错误、他的心会不清净吗？心不清净，见解不正确，就没有觉悟。同理，一个正知正见的人，岂有不觉？岂会不清净？佛给我们开了三个见性成佛之门，譬如佛堂有三个门，你只需从一门进入，一切就全都得到了。

中国大乘宗派里，禅宗选择由"觉"门进入，要求大彻大悟，明心见性。教下（禅宗之外，都属于教下，像天台宗、华严宗、三论宗、法相宗）选择是由"正"门而入，依经典的教训来修正见解、思想、言行。念佛的净宗和密宗，这两宗都是由"净"门入，修清净心。所谓一而三，三而一。这许多宗派，在三个标准当中任选一门，虽然选择不同，其功效、成果则完全一样。未进门之时不同（觉正净不同），进了门之后完全相同。

此时，我们才知道，法门真的是平等，无高下之差别。但是觉门一定要上根利智，很聪明的人，心地很清净的人才能学，否则此门是走不进去的。六祖在《坛经》说，他所接引的对象是上上乘人，如果不是上上根基，此觉门是走不通的，修也不会开悟。正门一般根基都可以学，但时间较长，要念很多书，就好像上学一样，由小学、中学、大学、研究所，要念好多年，路很长。净门，净、密两宗皆由此入门，专修清净心。在末法时期，这两宗很盛行，实在有它的道理。净门就不需要上根利智，也无须走很长的路（时间）。这两宗之中，特别是专念阿弥陀佛的净宗，比密宗摄受还要广泛，成就还要容易，更容易得清净心。

这是我们首先要将自性三宝认识清楚，知道如何选择法门作为修行的依靠，找到真正的皈依处。否则，虽然在佛菩萨形像面前受过形式上的皈依，其实从何处回归、依靠什么都不知道，这就是错误。

上面所讲的自性三宝，道理也许能体会到一些；如果在日常生活中，还是找不到依靠，三皈仍然是落空。我们到何处找到真正的依靠？就是三皈依一定要落实在生活里。要知道佛教每一宗都有它依据的经典与修学的方法。譬如华严宗所依的三宝，佛是毗卢遮那佛；法就是《华严经》；僧就是文殊、普贤，以及四十一位法身大士菩萨僧，此是我们修学的榜样，我们跟他们学，要学得跟他们一样，三皈依就落实了。如果是法华宗，它是以本师释迦牟尼佛为主，我们就是依本师释迦牟尼佛，这是"佛宝"；《妙法莲华经》是"法宝"；《法华经》所说的菩萨是"僧宝"，都是我们修学的榜样。

净宗依靠的佛宝就是阿弥陀佛，阿弥陀佛就是我们真正的皈依处；法宝是《无量寿经》和净土五经一论；

僧宝是观音、势至、文殊、普贤诸大菩萨。学观世音菩萨的慈悲，学大势至菩萨的专一。《楞严经·大势至菩萨念佛圆通章》说，大势至与其同伦等，自始皈依直至成佛，修的就是一心专念阿弥陀佛。就此一句佛号，"不假方便，自得心开"。修净业者不需要借助任何法门，从初发心到成佛，就是专念阿弥陀佛。

要如何而念？他的秘诀是："都摄六根，净念相继。"净念是念佛时没有怀疑、没有夹杂，心是清净的，一定要用清净心来念；相继是一句接一句不间断。"不夹杂、不怀疑、不间断"，这是大势至菩萨教我们念佛的秘诀。净念相继，都摄六根，念佛决定成功。

夏莲居老居士编了一部《净修捷要》，他说："净宗初祖是大势至菩萨。"我初读时，为之惊觉，从未听到有人这样说过，理解之后，我非常赞叹、非常欢喜！他讲得太正确了。大势至菩萨是尽虚空遍法界，第一个专修念佛法门的初祖，是法界初祖。我们再来看娑婆世界，娑婆世界释迦牟尼佛示现成佛，第一部讲《华严经》。华严会上普贤菩萨十大愿王导归极乐，则《华严经》里普贤是娑婆世界的初祖。《无量寿经》传到中国，东晋慧远大师在庐山建念佛堂，集合志同道合的莲友一百二十三人，依《无量寿经》专修念佛法门，他是中国净宗初祖。所以，我们现代讲净宗初祖就有三位，中国初祖是慧远大师，娑婆初祖是普贤菩萨，法界初祖是大势至菩萨。

我到美国弘法，李炳南老师特别嘱咐，应将净宗传到西方国家。我在达拉斯建立了一个小佛堂，老人为我题匾额"华严莲社"。我在中国台湾省讲了十七年《华严经》，讲堂就用此名称。这次道场建立，佛堂有二十一尺高，我从大陆请来的西方三圣只有四尺高，供养在佛堂中显得佛堂太高，佛像太小，不能相配，于是时常在想，墙壁上最好能有大张彩画佛像，佛像一定要画美国人的面孔，象征佛法传到美国。

这一次来美国前一天，有人送来一卷佛像给我，我不知道是什么人送的，也不知道是什么人画的，基金会的简丰文居士代我收的。送来的时候嘱咐："这一卷佛像请带到达拉斯佛堂供养。"我打开来一看，是油画的西方三圣像。真不可思议！阿弥陀佛是印度人的面相，观音菩萨画的是中国人，大势至菩萨画的是美国人，真的是感应道交不可思议。大势至菩萨是净宗初祖，初祖到美国，代表净宗真的传到美国。净宗学会于是在美国成立。

净宗学会是夏莲居老居士提倡的，在大陆没有组成，也没有建立，第一个净宗学会是在达拉斯建立的。所以，大势至菩萨是美国人的相貌，我欢喜无量！这是净宗的三宝，是我们真实的皈依处。要学阿弥陀佛，要学《无量寿经》，要学观音、势至。他们就是我们修行的榜样，修行的标准，这是真正的皈依。此外，还要说明的就是住持三宝。

"住持三宝"就是佛像、经书、出家人。虽然不是我们真正的皈依处，但是其作用是象征三宝住世，能提醒我们回头依靠。因此，学佛的人家里供养佛像，常常见到佛像就提醒自己，皈依自性佛，处世待人接物，一定要觉而不迷。如果无人提醒就会忘掉，就又迷惑颠倒，佛像提醒皈依的作用很大。我们供养佛像的功德，好处就在此。

经书要天天念，不是念给佛菩萨听；我们念《无量寿经》，不是念给阿弥陀佛听，是接受阿弥陀佛的教训，他在经上教导我们如何存心，如何处事、如何待人接物。要把《无量寿经》变成自己的思想、见解、言行。将我们日常实际的生活写出来就是《无量寿经》，《无量寿经》就是我们生活的真实写照，如此皈依法才能落实，这是"法宝"。

"僧宝"是出家人。看到出家人，无论持戒、犯戒，都会提醒自己六根清净，净而不染，这就是出家人的大功德。

这是住持三宝对于我们的功德利益。

须知，皈依不是皈依某一个法师，法师只是僧团里的一个代表，他把三皈的意义、修学的纲要传授给我们，使我们知道，从今天起就要依觉正净来修行。佛法所求的智慧，是大圆满的智慧，也就是圆满的自性。佛法之所修，是觉正净；觉而不迷、正而不邪、净而不染。用什么方法修？方法很多，所谓八万四千法门，无量无边法门。法是方法，门是门径。无论用何方法、用何手段，都是修觉正净。如果不修觉正净，就不是佛法。因此，方法虽然很多，目标却相同。这就是殊途同归，法门平等，无有高下。我们修净土决不可毁谤禅、密诸宗。他走的门路虽与我不同，目标则一致。好比我们坐车到此地，他走路来此地，我们不能说他错，因为条条道路皆通达至此，他可以自由选择。

我在亨斯维尔，有一位同学来问我："佛法有如此多的法门，我们都迷惑了，应该修哪个好？"当时正好地上有个球，我指着球说："佛教就像此球一样，球面上无量的点，就好像法门无量之多。佛法教你求圆心，任何一点，只要直修都能达到圆心，不必找第二点第三点。古人说，就路回家，何必绕圈子。"他明白了，佛法所求的就是真心，心性明了了，全体都得到了。所以，无论哪一个法门，秘诀就是"专"。只要专修必定成就，能得定、能开慧、能证得大圆满的自性，使自性完全开显出来。

所以，住持三宝对于我们有很大的功德，有很大的贡献。出家人是僧宝，我们对于任何一位出家人都应尊敬。好的出家人，我们亲近他；不如法的出家人，我们"敬而远之"。远就是不要跟他学，不是不尊敬他。以他的作为、形象给自己启示、警惕，这才是真正皈依三宝。

皈依三宝绝不是皈依某一个人。如果说皈依一个人，问题就严重了，将来你的前途是堕阿鼻地狱。何以堕阿鼻地狱？因为僧团是团结的，尽虚空遍法界是一个僧团，虽然分布到尽法界，依然是一个整体。我们这个世间的僧团好像是支部、分部。我们若是认定皈依某一法师，则此法师是我师父，其他法师不是我师父，这就是"制造党派，分化团体"，此罪过就是"破和合僧"。戒经中说，破和合僧的罪是堕阿鼻地狱，是五逆重罪；五逆重罪是杀父、杀母、出佛身血、杀阿罗汉、破和合僧。如此而说，你不皈依还好，还不造此罪业，这一皈依就破和合僧，这就不得了。

还有，要知道，皈依只有一次，不是见到甲法师就求受三皈依，乙法师来又去受三皈依，皈依好多法师，自己认为了不起，这么多法师保护我。其实泥菩萨过河，自身难保，谁也保不了你。只有皈依自性三宝，才是真正诸佛护念，善神保佑。所以，这些观念要清楚，要正确，千万不能错。在我传授三皈的时候，若是已经皈依过而没搞清楚，今天听讲明白了，从心里回头，依自性觉正净，就是真正皈依。至于仪式不必另外举行，法名也不必再取，只要一念回光、真心受持，便是真正把三皈依传授给你了。"受持三皈"是入佛门最重要的一课，是非常的隆重，也非常严肃。若是真正接受，学佛就从当下开始。

接受三皈之后要保持，不能把觉正净失掉了，也就是说时时处处要忆念觉正净，这是我们修正行为的标准。佛教的修行方法无量无边，都是修觉正净。但是觉正净三门，是明心见性的三门，我们任修一门，修成功了，则三法门都得到。佛教在中国有十个宗派，各宗修学偏重不一。发愿修学念佛法门的人，念佛就是从净门而入。换言之，念佛的人目的是求一心不乱；一心不乱就是清净心，心净则土净，由生净土见弥陀而圆成佛果。

"具足众戒"，众是众多。众多的戒条里，最重要的是五戒。五戒是佛家的根本大戒。出家比丘要受二百五十条戒，然而真正的戒条只有前面十七条，这是属于戒，其他的皆属威仪。何谓威仪？威仪是礼貌、礼节。就是日常生活中，处世待人接物应该遵守的规矩。往昔章嘉大师告诉我："三皈戒（三皈五戒）是一个学佛的人，时时刻刻不能离开的。"那时我住在台北，他举例说："譬如你从台北坐火车到高雄，你要买一张火车票。上车时这张票就要拿在手上，一直到达目的地，此票还要收回，都不能离开这张票。三皈五戒就如同这张票一样的重要。"老人告诉我，离开了皈戒，就失掉了佛法，就不是佛弟子。

五戒第一条是不杀生，第二条是不偷盗，第三条是不邪淫，第四条是不妄语，第五条是不饮酒。前面四条是"性罪"，无论受戒不受戒，犯了都有罪。不是说不受戒的人，犯了就没罪。但受戒的人犯了又多了一重"破戒"罪。只有不饮酒一条，不受戒者不犯罪，受了戒就犯罪，所以这一条是"遮戒"。不饮酒是防止酒醉之后乱性，而犯前面四种戒，所以它是预防的，本身没有罪。

但是发心受戒，必须要求法师仔细讲解，然后才知道如何受持。绝对不是单单看戒律条文，就能持戒。若要把戒持好，就要真正知道佛制定这一条戒的用意何在？他为何要制定这条戒？这条戒对我们修学究竟有何等的功德利益？我们要如何来修持？所以，每一条戒都有"开、遮、持、犯"。在何种状况之下是开戒而不是破戒？何种状况之下我们持戒，是不能开戒的？何谓持？何谓犯？都要清清楚楚、明明白白，如此守持戒律，才能在日常生活中应用自如、方便自在，而不是被戒律所束缚。

有些人说戒律太多，动不动就犯戒，算了，不要去学戒！所以，大多喜欢佛教的经典、经论，讲道理，这些容易学；戒律太严格，还是不要学的好。可是诸位要知道，戒律是佛的行持；没有行持，就没有佛法。礼没有了，儒家就灭了；戒没有了，佛法就会断灭。须知读诵经典而不能依教奉行，是得不到真正利益的。所以，真实的学问是重在实行，佛法的实行就是戒律。戒律就是正觉的生活规范，世尊当年在世，生活、讲经说法，无一不是活活泼泼、快快乐乐，如此佛教才能被一切众生欢喜地接受。

佛法绝对不是束缚人，佛法是利益一切众生，使众生得到真实的幸福快乐。制定戒条，是引导我们得到幸福美满人生的规范，这一层我们一定要认识，我们才会乐意地接受佛的戒条。现代讲经的法师很多，讲戒律的法师太少了，几乎没人讲。相同的，听讲经的人很多，听讲戒的人很少。这一条犯罪，那一条堕地狱；听了一次，第二次就不来了，三天之后就没有听众了。其实戒律是圆满的，就在于要详细明了戒律的开、遮、持、犯，它不是死的，不是呆板的。

台中李炳南老居士，他的生活简单朴素。他老人家一天吃一餐，日中一食。我在台中的时候，他日中一食已经几十年，比一般持午还要严格。若是有学生晚上请他吃饭，他也去；不但去，还常常带我去。我持午，早晨中午要吃，晚上不吃；刚开始，我觉得很为难，老师明知我持午，为何拉着我去？他说："跟我去。"最后他对我说："你这种态度是小乘人，不能度众生；度众生要令一切众生生欢喜心，这不是破戒，是开戒。"我才明了斋戒是这么一回事。他说："人家好心好意请你，你若不去，会使人误会你不近人情，他不但不能接受佛法，而且还宣扬学佛的人瞧不起人，架子都大，不要跟学佛的人往来。岂不是叫人造业？"所以，他说这不是破斋，也不是破戒，这是开戒，令一切众生生欢喜心，在随缘里面度众生。到了会场，主人说："不知老师持午，我今天很抱歉。"持午也去，他心里会更受感动。假如晚上想吃东西，要求别人请吃晚饭就破戒了。持午，人家不知道，恭恭敬敬礼请，这要去。

由此可知，佛家的戒律真的是活泼，真的是自在，这是我在台中，李炳南老师教我的。因为我从前跟忏云法师，持午持得很严，离开忏云法师到台中跟李老师学教，被李老师教训了好几次，以后跟李老师就学活泼了。

我早年有一位老朋友，抗战期间他在南京时，和两个朋友被日本人追赶。他们逃到中华门外的一个寺庙，寺庙里的老和尚救了他们三个人，他们才没有被日本人抓去杀掉。抗战胜利以后，他们回到南京，想到老和尚救命之恩（常常惦记在心里），要报答这位老和尚。于是在南京酒楼里，备了一桌非常丰富的酒席，请老和尚来应供。老和尚来了，一看，鸡鸭鱼肉，果然丰盛。

这时，他们忽然想到："出家人吃素的，这怎么办？为何没想到办素席？今天我们要报答他老人家救命之恩，却搞了这么一桌，怎么办？"结果老和尚非常慈悲，他举起筷子说："好，大家坐下来。"酒席就开始了，他举筷就吃。这令他们非常的感动。这位老和尚是不是破斋？不是，这是佛法里讲的"慈悲为本，方便为门。"

四摄法中，菩萨令一切众生生欢喜心。因为他们不是有意作弄人，是真正诚心诚意报恩的。法师也很感激他们，一点都不见怪，在座大众无一不受感动，这是菩萨接引大众的一个方法。如果老和尚板起面孔恼怒相对，就会把人家学佛的机缘都断掉了；但是法师有大智慧，正好利用此机会接引众生。佛法如此方便、圆融，这是大乘佛法的殊胜可贵。

"严持戒律"，戒律的范围非常深广，不仅是释迦牟尼佛给我们制定的那些戒律，国家的法律，社会的道德，每个地方的风俗习惯，所谓入境随俗，皆当遵守不犯。在中国，守中国的法律，守中国的道德观念、风俗习惯；到美国，就要遵守美国的法律，懂得美国人的道德观念；这都包括在戒律的范围之内。换言之，戒律就是我们日常生活的规范。现代由于交通便捷，资讯发达，到世界每一个国家、地区旅游的机会多了。因此，不但本国的法律、风俗人情要懂得；我们所到达旅游的国家地区，他们的法律、风俗习惯都要知道，才能做到入境随俗，这是严持戒律。

诸位要知道，佛是生在两千五百年以前的古印度，他所制定的戒律，许多的戒条在今天并不适用。何以故？生活方式不同，衣服穿着也不一样。在二百五十条戒律中，有十几条是讲穿衣服的规矩，我们穿的衣服跟印度人不一样，那些规矩我们完全用不上。现代人跟古印度人吃饭也不一样。今人跟古人不一样，所以现代人诵戒是念戒律的精神、理论，前贤典范；持戒，最重要的是守住戒律的精神、原理："诸恶莫作，众善奉行。"诸恶莫作是小乘戒，是自律的，自己要遵守的，即中国人讲的"独善其身"。

持戒者，虽然没有人看见，一个人独处也不可违犯，也不能放逸。菩萨戒是入众的，对待别人要守哪些戒条？要守哪些规矩？佛教给我们，对人要众善奉行，对自己要诸恶莫作。善恶的标准就是戒律，遵照戒律去做就对了。这是我们现代所应认识戒律的精神之所在。

佛法传到中国之后，中国的国情、文化背景与印度不一样，乃至中国人的意识形态、生活方式也和印度人不同，所以戒律来到中国之后，就要加以修订。唐代百丈大师制定清规，就是戒律的本土化、现代化。戒的精神完全不变，只是条文重新修正；就和国家的法律一样，几年就要修订一次。因为有新的情况发生了（原则原理不变），条文必须修订才适用。中国大陆，每一个地方，每一个省，每一个县，寺院都有清规。清规一定要适合当地住众的修学条件，协助大众的修行，这就是现代化与本地化，这一点如果不了解，佛法就不能通行了，那就是死的佛法。知道现代化与本土化，佛法才能活活泼泼、日久弥新，才能流传到全世界，而为一切国家民族所欢喜接纳。

佛告诉我们，人能持戒、守法，此人身心安定，没有忧恼恐怖。安而后才能得定，所以修行特别重视戒律。如果作奸犯科，即使政府不制裁，也会受良心责备，身心不安；身心不安，就不能修定。要修定，首先要心安；身心安稳，才是修定的基础。所以，"因戒得定，因定开慧"，道理就在此。这第二条，严持戒律是二乘福，乃二乘人修学的基础。

3. 大乘福

再往上提升就是大乘，大乘建立在小乘的基础上。

大乘福有四句，第一，"发菩提心"。中国是大乘佛教，发菩提心时常挂在口上，都劝人发心。究竟发什么心？何谓菩提心？很少人能说清楚。"三皈、众戒、菩提心"是佛教最基本的常识，如果不十分清楚的话，如何学佛？学的是糊涂佛，迷惑颠倒佛。

　　菩提是梵语，译为觉悟。菩提心就是真正觉悟的心，真实不迷的心。觉悟什么？觉悟到人生真正苦。佛告诉我们"三界通苦"；不但人苦，天上也苦。人间三苦、八苦具足，若细讲，两小时也讲不完。生色界天，这是已经修禅得定，而且财色名食睡，五欲都断了。色界天没有苦苦，但有坏苦与行苦。若定功更深，可以生到无色界天，身体也不要了，这是三界最高级的凡夫。他知道身是苦本，物是病根；若是没有物质的色身多自在。所以，他们的色身都不要了，这就是所谓的灵界，他只有神识，苦苦、坏苦都没有了。有色身就总有生老病死；有物在则有成住坏空。无色界天虽无此二苦，但有行苦。何谓行苦？就是他不能永久保持，像我们常讲："青春不驻"，这是行苦。一年一年衰老，这是留不住的，不能停止在一个境界的，称为行苦。这三类苦三界都有，哪里有乐？真正认清三界的真相，你就觉悟了；觉悟之后，自然会想离苦得乐。如何离苦？一定要超越三界。如何超越三界？就必须依照佛教导的方法真正修行，这才是真正"发菩提心"，真正觉悟。

另外，佛给我们讲的"四弘誓愿"，四弘誓愿就是菩提心具体的实践。佛在大乘经典里常说："二乘人，阿罗汉与辟支佛没有菩提心；大乘菩萨才是发了菩提心。"要以四弘誓愿的标准来看，就很容易明了。菩萨的心是普度一切众生，不但知道自己苦，要度自己，他要度自己的家人、自己的亲戚朋友，更要度无量无边的众生。平等普度，这是大菩提心。小乘人有分别、有执著，他喜欢的他度，他不喜欢的他不度。而且小乘人，众生求他，他高兴就教；众生不求他，他不主动去教，大乘菩萨则不然。《无量寿经》说："菩萨为众生作不请之友。"你不找他，他来找你。就是把佛法主动地介绍给众生，推荐给众生，这是菩萨事业。所以，菩萨的心跟二乘人的心不一样。这是四愿里第一愿，就是劝我们要"众生无边誓愿度"。

实际上四愿就是这一愿，后面三愿是完成这一愿的。如果想度众生，若是自度不了，岂有能力度众生？度众生该如何修法？自己应该先断烦恼，这是修行的一个顺序，也是第一次第。这不能不知道，你如果不知顺序、乱了次第，修学决定不能成功。必定是先断烦恼，再学法门。有些人学佛，他不断烦恼，开始就广学法门。他要四弘誓愿后面的两愿，将前面两愿舍弃了，所以度众生、断烦恼就不要谈了。"法门无量誓愿学，佛道无上誓愿成"，他由这两愿下手；譬如建筑四层的楼房，他不要下面两层，而要上面两层，如何能建成？

　　我们见到这一代，修行的人很多，成就的人尚未见到。原因何在？就是不知道从根本修；未曾发真实度生的弘愿。度生的心是大慈悲心，此心有无比的力量推动你精进，使你认真努力修学。为什么要断烦恼？因为要度无量众生。有这样多的众生等待我帮助他们永脱苦难。如果没有德行、没有学问、没有能力，如何能办到？所以，今天发愿必须断烦恼、成就德行，广学法门、成就学问、圆成佛道，皆是为了普度一切众生，不是为自己。这就是大慈悲的力量，像《地藏经》说的大圆满，而后接着就是大慈悲，就是说明这重要的修学次序。

如果这位老师教你先学法门，这就有了问题。当年我亲近李炳南老师的时候，正式要拜他做老师，跟他学佛，他提出三个条件："第一，从今天起，只可以听我一个人讲经说法，其他任何法师、居士大德讲经说法，都不准听；第二，你从今天起看书，无论是佛经，或是其他的书籍，未经我同意，一律都不准看。"第一不准听，将你的耳朵塞住了；第二不准看，又将眼睛遮住。还有，"第三，你从前所学的，我统统不承认，一律作废；从今天起跟着我从头学起。"

这三个条件想想很苛刻，初次听到，觉得老师很专制、跋扈、不讲理，好像贡高我慢得不得了，瞧不起人，我最后想想，还是接受了，拜他为师。原来这就是戒条，就是教我断烦恼。多听、多看，多烦恼；少听、少看，不听、不看就没烦恼。原来老师是用此方法来教我"烦恼无尽誓愿断"。我遵守他的教导，半年以后，果然妄念少、心清净、智慧增长，真是得利益。老师的教诫要我遵守五年，我非常感激他，因此得到真实的受用，我自动再加五年。我遵守他的三条戒共十年，如此奠定了学佛的根基，这就是"烦恼无尽誓愿断"。

心地清净之后，老师的教法开放了，他劝勉我去十方参学。何谓参学？就是任何人讲都可以听，妖魔鬼怪讲也可以听，任何书都可以看。一切见闻对你只有好处，没有坏处，因为你有能力辨别邪正、是非，不会被人牵着鼻子走。有了这样的能力，老师就会放你出去参学。原来初学的人并未具此能力，听这个，这个好，跟他走了；听那个，那个好，被他转了。就像小孩童，父母看得紧，因为他不知邪正、是非，不识得失利害。老师真是大慈大悲，保任诲导，尽心尽力，所以学佛要走这样一条路，亲近善知识。遵守老师三条戒律，称做"师承"。德学的成就一定要有老师指导。

良师难遇！好老师到何处去求？这是多生多劫的善根、福德、因缘成熟才遇到。一生遇不到的人太多了。所以，有人说："法师，你很幸运，遇到好老师。我们到何处去找？我们跟谁去学？"这是真的！师资之道，真是可遇不可求，非常难得，这是机缘。自己真的要种善根、培养善缘。若是实在遇不到，也有方法，那就是学古人。往昔李炳南老师教我，他非常谦虚地说："我的能力只能教你五年。"他教我学印光法师。印光法师是他的老师，他勉励我以印光法师为师。我那时候初学，还没有出家。他告诉我："古人不要学苏东坡，今人不要学梁启超。这两个人都是大佛学家。他们在佛学上是大家，但是在学佛上没有成就，不能学此二人。"所以，他就教我学印光大师。这是今日之下最好的模范、最好的典型。

这也就说明，当我们找不到真正善知识时，可以找古人，做古人的私淑弟子，用这样的方法成就的人很多。在中国第一个以古人为师的是孟子。孟子学孔子，孔子那时已经不在世了，但他的书在世间，他就专门念孔子的书，由书中接受孔子的教训，一心学孔子。他就是跟定这一位老师，专学一个人。他学得很成功，所以中国历史上称孔子为大圣、至圣，孟子是亚圣。

以后采取此方法得到成就的，在中国历史上有很多人，最著名的是汉朝司马迁，他撰写中国第一部史书《史记》。司马迁学左丘明，他只学一家，专门读诵《左传》，学《左传》的文章、学《左传》的修养，他学成功了，成为一代文豪。又如唐朝的韩愈，他是唐宋八大家之一，也就是"文起八代之衰"的韩昌黎。韩昌黎的老师是谁？就是《史记》。他学司马迁，专攻《史记》，学《史记》的文章、教训，而成为唐宋八大家的首领。在佛门，明朝的蕅益大师，这是净宗祖师。他的老师是谁？是莲池大师。当时莲池大师已经往生了，但莲池大师的著述在世间，他就完全依照莲池大师的著作来学。等于跟一位老师学，听一位老师教导，就像李老师当年教我一样。能找一位古大德做老师，这是决定不会有差错的。跟一个人学，学一家之言，学成功了，这也是有了师承。

我今天介绍给诸位同学，不要跟我学，我没有能力做你们的老师。李炳南老师教我学印光法师，我今天介绍你们一位最好的老师："阿弥陀佛、《无量寿经》。"阿弥陀佛是我们的老师，我们一同依照《无量寿经》来修学，学成功就是成佛。诸位必须要知道，学习讲究一门深入，一门通达，便能得定、开慧。古人在此阶段修学一般是五年。这五年专精一门，五年之后，才开始广学经论，那时眼睛放光，经义自然明了，假如不开智慧，还用意识虚妄分别，如此学佛即使学三百年，不要说经看不懂，看古人的注解也会错解其意。一定要自己真正有了悟处，再来看古人的注解，就晓得他的境界，和他对此经义理所了解的程度。

李炳南老师往昔教给我的三条戒律，我以为是他独创的。前年（公元1989年）我在新加坡弘法，演培老法师邀我讲演。我看到青年学生很多，就把我过去修学的经历，介绍给青年学生，希望他们能跟演公老人修学；跟他一个人学，学一家之言，必有成就。我讲完之后，演公老人拉着我的手到客厅里去喝茶，告诉我，他做小沙弥的时候，在观宗寺，谛闲法师也是给他这三条。我才明白，原来这三条，是中国祖师，代代相传收学生的三个条件，不是某一个人的，这才知道真正的师承。

老师看重的学生，一定教你遵守这三个条件，先把你的眼睛遮起来，耳朵堵起来，烦恼都进不去，此是"烦恼无尽誓愿断"。真正断了之后，烦恼轻、智慧长；然后放你出去参学。这是"法门无量誓愿学"。所以，广学博闻是在第二个阶段，绝对不是一开始就法门无量誓愿学，那就糟了，就害死人。你们今天若不相信，下面的比喻也许能体会到。你听一位法师教导，便修一个法门；两位法师教你一定是两个门路；三位法师，则置身三岔路口；四位法师，如在十字街头，不晓得应该如何学好，疑问立刻就出来了。所以，跟一个人学是对的、有道理的。

我们看古大德，在《高僧传》、《居士传》里，常见学人跟一个老师，有跟二十年、三十年的，一直到开悟，才出去参学。这是非常有道理的。我们修学佛法能否成就，若不懂此秘诀，不遵循此道理，想要成功实在太难太难了。你们找不到好老师，我给你们介绍阿弥陀佛做老师，《无量寿经》就是课本。死心塌地念这一部经，念上五年再看其他的经。这要有很大的耐心，这就是"定慧等学"。除此经之外，其他的经都不可以看，就看这一本。五年之后，再看其他的经，体会就不一样，真的不一样。因为你有相当的定慧修养，所以样样都通达。

佛法的教学与世间的教学，在观念和方法上截然不同。譬如世间人读书，在大学里选科系，要很慎重，要多方去选择。佛法教学不是如此！它是希望你开启圆满智慧，将来这所大学所有的科系你统统明了。佛法是这样的教学。从何学起？从一门深入学起，所谓"一经通，一切经皆通"。任选一部经典都可以，最重要的就是"一门深入"。这一经未通，绝对不能去看第二部经。何谓通？通是开悟。从这一部经上得定、开慧，称为通达。然后你看其他一切经典，一看就通达。

这有个比喻，世间人做学问，常说做学问要像金字塔，先博，然后再精，再专精，是由博而精。诸位想想，金字塔无论如何高广，它有极限的，到达顶点就终止。佛法则不然，佛法像种树一样，先有根、有本，然后慢慢再长成枝叶花果，无量无边。它是从一点发生出来的、散发出来的，到最后是大圆满。其结果是世出世间法，无有一样不通达。所以，它的教学方法不同，未来的结果也不一样。世间法的学问，往往到了极限就无法突破，没有办法再扩展，也无法再提升了；佛法则是没有止境的。

诸位仔细、冷静地去想一想，明白此事实真相，才知道佛法教学的善巧，教学法的高明，绝对不是世间一般浅识之士所能明了的。开始好像是没有什么，后来的成就真的不可思议。世间法开始好像是广学多闻，到最后往往一窍不通。它与佛法所采用的方法不一样，结果

076

自然不相同。

四弘誓愿是佛指示给我们修学的程序、修学的过程。依照此过程来修学，没有不达到究竟圆满的。末后一条"佛道无上誓愿成"，就是烦恼断尽、法门圆满，无量无边的法门没有一样不通达，没有一样不圆满，就是"成佛道"。佛在《华严经》里，尤其是《华严》末后的一段《普贤菩萨行愿品》，我们称为《四十华严》（总共四十卷），世尊以善财童子作为佛法修学的榜样。他不但讲理论方法，还做给我们看，表现在日常实际生活之中。善财童子最初亲近的老师是文殊师利菩萨。文殊菩萨就是教他遵守前面所说的三个条件，完成断烦恼，也就是完成戒定慧三学的基础。在文殊菩萨会里持戒、修定、开智慧。智慧开了之后，文殊菩萨把他放出去参学，这就是著名的五十三参。

五十三参是代表社会各种不同的行业、各种不同的学术、各种不同的人物，男女老少，有学佛的、有出家的、有在家的，形形色色，统统都可以接触，统统都可以去学习，以成就他究竟圆满的智慧。到末后（这是我们要特别注意的），遇到普贤菩萨。普贤菩萨以十大愿王导归极乐，劝他到西方极乐世界去见阿弥陀佛。一见阿弥陀佛，他的无上佛道就圆满成就。这里我们应该要注意的，即是如果想要成就无上佛道，一定要到西方极乐世界去见阿弥陀佛。不见阿弥陀佛，只可以说是断烦恼、学法门，无上佛道不易成就。

何以见得？我们在《华严经》上见到，华严会是了不起的毗卢遮那佛的法会，是一真法界，不是十法界。一真法界里面，文殊、普贤都是圆教等觉菩萨。文殊、普贤在华严会尚且发愿求生净土。往年我讲《华严经》，看到这个事实，异常惊喜。华严世界的等觉菩萨，往生西方极乐世界去干什么？实在没有必要，想来想去，只有为了一件事、一个理由：就是到那里去证无上正等正觉。如果不是为了此事，他实在没有到那里去的理由。

然后仔细观察，果然是为此，善财也是为此。这才恍然大悟，要想真正成就圆满无上菩提（就是圆教的佛果），就一定要到极乐世界。所以，《四十华严》、《普贤行愿品》，就是详细讲解四弘誓愿这四句。明了《四十华严》，才晓得我们修学大乘，路应该如何走法。真正明了、真正觉悟、发菩提心之后，你真正的觉心发出来，才真正不迷、真正不颠倒，菩提道上自然是一帆风顺。

第二句是"深信因果"。往昔我读《观无量寿经》，对这一句经文，一直是大惑不解。为何有此疑惑？假如这一句是在第一条，我不会疑惑，是讲得通的。这第三福是菩萨修的，难道大菩萨还不明因果？不信因果？我们都知道："善有善报，恶有恶报；善因善果，恶因恶果。"何以会连菩萨都不晓得？还在劝菩萨要深信因果？如何想也想不通！后来念《华严经》，念到《十地品》才恍然大悟。原来佛在《华严经·十地品》里说："十地菩萨始终不离念佛。"我这才明白，华严会上登地的菩萨，一直到十地，到等觉，这十一个位次（最高级的法身大士），他们修什么？他们修念佛法门。原来此处因果是专指"念佛是因，成佛是果"。这一因果，实在讲，许多菩萨不知道；也有许多菩萨听佛讲了，他不相信。所以，佛在此地劝他深信因果；念佛是因，成佛是果。文殊、普贤、善财，发愿往生西方极乐世界，就是相信这一句话。我读《华严经》、讲《华严经》，才把这一句搞通了，可见得实在是不容易。

第三句是"读诵大乘"。这是菩萨善。菩萨学佛，不能一天不见佛，不能一天不读经。须知经不是念给佛听的，经是佛讲的，佛岂会要你念给他听？我们读经是接受佛菩萨的教训。念《无量寿经》，就是阿弥陀佛在面前教导我们，他所讲的道理，使我们明了宇宙人生的真相。他的教训，教导我们在世间，或是行菩萨道时，要用什么样的态度，什么样的心态，什么样的方式。换言之，经里的一切教训，我们都要确实做到，读经就有真实利益。

佛弟子最低限度是每天早晚二课。早晚课如何做才如法？诸位要晓得，早课是接受佛的教训，提醒自己，我今天一天，起心动念、处世待人接物，不违背佛的教导，这是早课；晚课是反省、是检点，展开经典认真做一次反省，佛的教诲，有没有牢记？有没有做到？如果没有做到，要认真忏悔，改过自新，明天一定努力把它做到。这就是早晚课的功德利益，而不是早晨念一遍经给佛菩萨听，晚上再念给它听，自己起心动念则与经训毫不相关。老实讲自己面对泥塑木雕的佛像，它并没有知觉，你早晨骗它一次，晚上再骗它一次，岂不是罪大恶极！你要是骗活人，还情有可原；泥塑木雕的佛像，你都忍心去欺骗它，一天还骗两次，还说有功德，造罪不晓得有多重！这是我们不可以不知道的。

现在早晚课都是流于形式，一点内容都没有，这如何能得到功德利益？修净土的人，在过去，早晚都念一卷《阿弥陀经》，三遍往生咒，佛号念得愈多愈好。早晚课都一样，这就是"专"。不可以念太多的经论，太多就杂了，就是乱修，就不是精进了。《阿弥陀经》文似浅而实深，最要信心清净则得实益。我讲《弥陀经疏钞》现在是第三遍，还没讲完。讲第一遍，没有留录音带，第二遍留了一套录音带。九十分钟的录音带，三百三十五卷。也就是三百三十五天才讲圆满，所以《阿弥陀经》很难懂，太深了。我现在介绍大家念《无量寿经》，《无量寿经》好懂，没有《阿弥陀经》那样深，《阿弥陀经》不要看它文字很浅显，意思却无限深广。《无量寿经》的文字并不很深，意思你也能看得懂，教训都很明显、很清楚，我们学了就有用处。

假如你工作很忙，无法每一天念一部，我教他们早课念《无量寿经》第六品（四十八愿）。这是净宗的核心，净宗的根源。修行必定要与阿弥陀佛发同样的愿。弥陀发什么愿，我也发什么愿；希望我的心同阿弥陀佛的心，我的愿同阿弥陀佛的愿。与阿弥陀佛同心同愿，这就是同志（志同道合），将来当然在一起。

晚课念三十二品至三十七品。这是佛陀教导我们，在日常生活中，如何断恶、如何修善、如何存养。所讲的教训都是对人、对事、对物的原则，一定要牢记遵守，此六品经就是戒律，受持即是持戒，持戒念佛就与阿弥陀佛的行解相应。如是心一样、愿一样、解一样、行一样，那你就是阿弥陀佛，如此修净土岂有不成就！

若是天天念阿弥陀佛，天天念《阿弥陀经》，信愿解行都跟阿弥陀佛不一样，都违背了，则念得再多也不相应。古人所谓一天念十万声佛号，喊破喉咙也枉然。为什么？有口无心，心愿与阿弥陀佛全不相应。朝暮课诵本是古人定的，对当时修学有用；现代社会人事有很大的变化，有些经咒仪规已经不适用。再者，过去的人对课诵都能了解，它真能提醒，真能助人反省。现在我们念朝暮课本，不解其义，即不能提醒，也达不到反省的目的，只是唱诵而已。像两三岁小孩唱歌，虽然也是字正腔圆，但不知其意，莫解所云。我们若将课诵本唱给佛菩萨听，佛菩萨并没听进去，我们也白唱了，这是朝暮二课得不到效果的原因。

明白了念诵的目的和方法，依照修学纲领去做，才能得到佛法殊胜的功德利益。佛门经论非常多，自己喜欢的，选一种就行了。选定之后一门深入，至少要念五年。现代人缺乏耐心，我虽常讲，因为耐心有限，大家就不愿做了。不得已将五年时间打个八折，打个六折，六折就是三年。如果折扣再打一些，恐怕就没有多大效果。

我在李炳南老师门下十年，第一部学的是《阿难问事佛吉凶经》，是小乘经。第二部是《阿弥陀经》。第三部是《普贤行愿品》。第四部是《金刚经》。第五部是一部大经，《大佛顶首楞严经》。依照顺序一样一样地学，每一部都是很长的时间，要有很大的耐心才能完成。至于《华严经》，我听李老师讲毕第一卷，往下七十九卷，乃至晋经六十卷，贞元四十卷，我都能体会。《法华经》、《阿含》、《禅密集》等，虽未学过也能明了。古人所谓一经通，则一切经通，岂会有障碍？此好处利益是得力于老师的指导。这种教学法，不是学一部经，只会一部经；而是学一部经，一切经都会了，那才是真的会了。孔老夫子教学，学生若不能举一反三，孔老夫子也不教。所以，学习要能一门深入。

李炳南老师教导学生，他说："听经，不要听语言，不要听句子，要听经中的道理、教理，理是贯通世出世间一切法。"如果不会听，就听教义。义是什么？义是一宗的理论。一个支派的理论，你能通达也行。最高明的是能入教理，其次是教义，都能贯一切法，这才能真正受持。但是这都要靠智慧，智慧一定要从"戒、定、慧"三学做起。换言之，老师教诫的方法，最好死心塌地地去遵行，把心定下来，不可见异思迁，要修忍辱波罗蜜，要有极大的耐心学习。若有人说：这法门不错，那经典殊胜；都要忍耐不为所动，暂时不听、不看，都把它放在一边，等自己智慧现前之后再来看。智慧不现前，我就不看。死心塌地一门深入，这样的人成功的希望非常大，这就是修学成功的秘诀。

以上说的十句都是自利的，都是自己修学的。只有最后一句，佛教导我们要把佛法广泛地介绍给大众。所

认识佛教

以，后面一句就是"劝进行者"，要劝别人学佛、要帮助别人精进，这就是菩萨。所以，凡是大乘经上讲的善男子、善女人，善就是这样的条件。从孝养父母到劝进行者都做到，这才是大乘经上讲的善男子、善女人，可见得善的标准是有一定的。诸位要把此事搞清楚，《地藏经》讲善男子、善女人，就是念地藏菩萨名号，供养地藏菩萨，将来就得到一百次往返三十三天，不堕恶道的果报，你就明白了，原来这不是普通修行人。假如是世间法讲的善男子、善女人，只要具足第一福就够了；小乘教里讲的善男子、善女人，标准是具足前二福；大乘佛法讲的善男子、善女人，必须三福统统具足。所以，我们读经里的善男子、善女人，想想我们有没有份?我们究竟做到了多少？合不合标准？尤其是大乘佛法。

（二）六和敬

《观经》三福，是我们修行基础的基础。离此基础，不要说是大乘，人天善都不能成就。所以，我们学佛就是从这里学起。这是佛陀在《观无量寿经》上所说的经文，讲得特别详细，希望我们多多地去读，多多地去体会，尽量能做到，以奠定自己修学的根基。有了自修的基础，才能谈共修的基础。如果不知道这个基础，在一起共修没有好处。若无共识、杂心闲话、彼此不和，还不如一个人修行好。共修有共修的戒条，这就是佛教给我们的"六和敬"。

"三福"是个人修行的基础，"六和"是大众共修的戒条，依然是基本的修学方法。佛法所说的僧团，是四个人以上，居住在一起共修。世尊为之制定六条戒律，大众皆遵守这六条戒，这就是佛法的僧团，也就是世尊的弟子。因此，六和敬是团体共修的基本守则，无论是出家团体，或是在家团体，都必须要知道遵守的。

1. "见和同解"。就是建立共识。在一个团体里，我们对于修学的理论和方法，一定要有共同的见解，这是大众共修的基础。佛陀在世，确实做到"恒顺众生，随喜功德"。因此，为许多不同见解的人，开了无量无边的法门。佛教宗派法门之多，就是因为此缘故而建立的。大众聚在一起，这就是我们今天讲的社会。社会要能真正得到安定，首先要求人人能和谐相处。

唯有"和"才能把我们的见解、思想，乃至于生活方式，逐渐拉近，才不会距离太远，这就是所谓的"平等"。和之后才有平，平之后，大家心地就安定，安之后才有乐。我们要想得到快乐，心要安、身要安，身心平安，和是最初的一个基础。

佛法重视和敬，世间法也重视和。孔老夫子教导我们，就把这一个字列为最重要的一个科目。《论语》云："礼之用，和为贵。"我在前几年，到北京参观清朝的故宫，故宫里有三座主要的建筑，我们中国人称它为"金銮殿"。实际上，它的匾额不是写金銮殿，而是写着"太和殿"，太和殿后面是"中和殿"，中和殿后面是"保和殿"。诸位想想它的命名，三座大殿都用"和"命名，由此可以看出清朝的帝王，用什么来统治天下、统治国家？用和。传至末代家族不和、朝野不和，不和就亡国了。如果他继续维持太和、中和、保和的精神，恐怕到今天还是大清帝国，中国人也不会饱受这么多的苦难。所以，和是非常非常的重要，大家在一起聚会，一定要注意这一个字。

世尊为我们说了许多经典、无量法门，并不是教我们统统都要修学，此是因为要适合各种不同的根性，也就是要适合各种不同见解和需要的大众，因此后来演变成许多宗派，支派就更多。佛法传来中国，一共建立十个宗派，就是因为大家喜爱不相同。喜欢《华严经》的人建立一个道场，专修《华严经》；喜欢《法华经》的，再建一个道场，专修《法华经》。由此我们明了，古代的寺院、丛林，实际上就是现在所说的专科大学。这是大家喜爱、见解、思想都一致的。绝不是一个道场里，今天学这一样，明天学那一样，那是一样都不能成就的。所以，佛法无论任何法门，成就与否都在专。

中国古时教学，教导童蒙念《三字经》；《三字经》云："教之道（教学的道理），贵以专。"何况无上甚深的佛法，不专岂能成就？因此，集合志同道合的人，都修这一部经典，都修这个法门，可贵的就是专，此道场就是专宗修学的道场。彼此互相切磋琢磨，勉励精进，才会有成就。

我们修净土，净宗所依的经典是最少的。古时候只有"三经一论"，现在则是"五经一论"。这五经是清朝咸丰年间，魏源居士将《华严经》最后一卷《普贤行愿品》，列在三经之后，成为四经。民国初年，印光大师将《首楞严经·大势至菩萨念佛圆通章》列入四经之后，成为五经。我们以此为例，这些人喜欢《无量寿经》，那些人喜欢《阿弥陀经》，试想这两种人能不能合在一起？合在一起就不能和合。这个要念《无量寿经》，那个偏偏要念《阿弥陀经》，这就必须要建两个道场。同是一个净土宗，何以要分那么多道场？原来如此。

再说同依一部经，譬如我们同依《阿弥陀经》，有人依照莲池大师的《疏钞》修学，有人依照蕅益大师的《要解》，这两种人所依据的解释又不一样。因此，同样依《阿弥陀经》修行的，还得要分两个道场，这才是真实的见和同解的道场。这些志同道合的人在一起共修，才能成就。若是念诵的方法不一样，有人念南无阿弥陀佛，念得很慢；有人念阿弥陀佛，念得很快、很急，这两种人要在一起共修也有困难。

这才晓得从前佛家道场之庄严，使人进入山门，肃然起敬。道场里同学道友，只有一个看法、一个想法，修行依照一个法门，一点都不乱。这才警觉到现代人学佛何以不能成就。现代的道场，今天请甲法师讲这个法门，明天请乙法师讲那个法门，就是一个道场里，一起共修无量法门，他如何会不摩擦！如何会不冲突！此事太难了，佛都办不到，何况凡夫？可见见和同解是道场基础的基础，如此大众才能真正得到共修之大利。

一个团体，大众的想法、看法是一致的，兴趣、目标相同，这就能和合，就能组成一个僧团。如果有不相同的，宁可另外再成立一个僧团，不要在一起共修；一起共修，一定有妨碍，彼此都不能成就。所以，佛开无量无边的法门，用意就是要使各种不同思想、见解、兴趣的众生，人人都能成就。这是佛法的伟大、周圆，这就是所谓的"殊途同归，法门平等"。佛绝不勉强人，教他要修某一法门。《观经》上，韦提希夫人感到此世界太苦了，想生佛国。佛没有介绍她往生西方极乐世界，佛是把无量无边诸佛刹土，统统展现在她面前，让她自己选择（自己选择才适合自己的兴趣）。

我们凡夫往往勉强人，我学这个法门好，你也来学，一定要拉他（他未必对这个法门有兴趣）。进来之后，想法、看法、意见多多，都不一致，团体往往因此受到伤害，这是学佛人应当警觉的。最好把大乘佛法普遍介绍，你欢喜哪个法门就学哪个法门。我们这里是净土宗，喜欢念佛就到我们这里来，看看合不合适？喜欢参禅的，那位法师是修禅宗法门的；喜欢学密的，某上师是传密教法门的。统统都好，没有一样不好。不一定统统拉到自己这里来。法门平等，皆是佛陀大慈大悲屈应机宜而建立，应相互尊重礼赞，这才是见和同解。

2. "戒和同修"。大家既然是同住在一起修学，总要订一个规矩，如果没有规矩就乱了，就没有秩序了。当然同住规约里，必定包括佛所制定的根本戒。这就要看，是在家的僧团还是出家的僧团。在家的僧团是以五戒为基础，出家的僧团是以比丘戒跟比丘尼戒作基础，再加上大众现前生活共住，所必须要遵守的一些规矩。这在我们一般讲，就是寺院的"常住公约"。由一两个人起草，然后在会议中大家讨论，最后议决通过，住在道场的每一个人都必须要遵守。常住公约中，也包括国家的法律。学佛必须要守规矩、守法律。人人都能奉公守法，团体就不会有争论。也就是说，团体中人人地位平等，并无特权阶级。所以，佛教的僧团是民主，是持戒守法的团体。

3.“身和同住”。就是大家住在一起共修。道场的建立是成就每一个共修的分子，目的在此；绝对不是逃避社会责任，到佛门里讨生活的。如果是这种观念，那就完全错了，接受十方供养如何能消！此罪过是无量的，且要还债，佛经中讲得很清楚。

共住不只是同住在一个道场，如每一个人有一个房间，或像现代生活富裕的地区，一个人还有个套房，如此舒适的生活环境修行能否成就？恐怕一个都不能成就。《地藏经》说：“阎浮提众生起心动念，无不是罪。”人从无始劫以来迷惑颠倒，造作无量无边的罪业，恶习气太多、太重了。大家相聚时，十目所视，十手所指，一举一动还像个样子，规规矩矩的，还能守法。如果房门一关，无人看到就会随便、放逸，毛病百出。白天修行，晚上放逸，则功夫尽失，成就困难。佛陀大智深知此事。要如何共住？睡通铺，晚上都睡在一起。白天、晚上都不可以离开大众，睡觉也得老老实实、乖乖的，也不可以随便，这是依众靠众的精义。所以，你到寺院丛林的寮房（卧室、寝室）去看看，皆是通铺，一个人一个铺位，每个铺盖都叠得整整齐齐，像军队一样；比军队还要严格，比军队的纪律还要好。住在道场，过这样的生活，陶冶人的习气，以戒定慧三学改造心行，才真正称得上修行。

在寺院丛林里，什么人有一个寮房？当住持的、做执事的，因为他的事务繁多，他的生活起居不能跟大众一样（大众像学生一样，是非常规矩的）。执事要办事，是为大家服务的，所以他才有个小房间；住持的房间称为方丈（方圆一丈），房间都很小，并不是叫你住得很舒服，目的是不妨碍大众的精修。还有年岁老的，也有单独房间，生病的也有单独房间。除了这些特殊的，皆是睡广单（通铺）。身和同住是这个意思。真正要想修行有成就，即使在今天富裕的社会，不用此方法还是不能成功。

4.“口和无诤”。这是说大家住在一起没有争论，真正能用功向道。人与人相处，最容易造的就是口业。古人常说：“病从口入（何以会生病？喜欢吃东西、吃的不干净、吃的不卫生），祸从口出。”说话多，言多必失。有些时候，说者无心，听者有意，因此就产生误会，在无形当中结了许多怨怼，招得以后的果报。实在讲，那是非常苦恼的事情！所以，古大德常常教训我们，教我们"少说一句话，多念一句佛"。言语愈少愈好，非必要的言语，最好不说。

我这一次在洛杉矶讲经，有一位同修告诉我，他的小孩念高中，暑假去参加日本的三天禅学会。回来之后，说寒假他还要去参加。此禅宗道场是日本人建立的，现在那个和尚已经过世，由他的美国弟子们继续维持。其特色是进入道场就不准说话，每天的功课就是打坐。早晨八点开始，坐到下午五点半；晚上七点半坐到九点半，其他什么都没有。三天都不说话，人在那种地方，就会感觉轻松。三天就是这样坐，所以他坐得很欢喜，印象很好。这种道场的特色就是口和无诤。不准讲话，还争什么？所以，严格的道场里，确实听不到闲言语，真正的道场也没有杂心闲话、聊天这些事情。念佛的道场，二六时中，只听到阿弥陀佛绵绵不断，大声念、小声念、默念都可以。真正密宗道场则咒声不间断。

我初学佛时跟随章嘉大师，他是一个了不起的上师。我亲近他三年，从没有见到他的咒离开口。他念咒不出声，但是嘴唇微动，我们知道他在念咒，这称为金刚持，就是口动没有声音。无论在什么时候，甚至接见客人时，他仍然持咒不断。只有跟我们讲话的时候停下来，话一说完，他的功夫立刻接上。这是我这么多年来，看到真正修行的人，就只有一个。他心清净，真的一个妄想、杂念都没有。我们向他请教问题，提出一个问题，他要观察我们的心定了，他才答复。你心不定，他不跟你讲，他不是考虑，是在念咒，他的眼睛看着你的眼睛，看到你心定了他才讲。他这种教学法非常的特殊，两个钟点也许讲三四句话。但是他的话，字字皆有千斤之力！让你一生永远不会忘记，而且会依教奉行，这是真正做到口和无诤。

所以，净土念佛堂里止语，不仅仅在佛七当中要这样做，平时就要学，如此对于自己的道业绝对有好处。我们想要把烦恼舍掉，念佛三昧早日成就，不用此方法就很难达到目的。

5.“意和同悦”。这就是平常讲的“法喜充满”。我们学佛，无论修学哪一个法门，最粗浅的成就就是欢喜。假如学佛学得不快乐，这一定有问题（不是佛法有问题，是我们自己修行有了问题），不是违背了理论，就是方法用错了，否则学佛的效果一定非常明显，破迷开悟，离苦得乐；痛苦、烦恼一天比一天少、一天比一天快乐、一天比一天自在，这证明学佛功夫得力了。如果得不到此现象，你的功夫就有了问题，自己要认真去检讨，找出毛病、找出病根，再把病根消除，我们就能得到佛法真正的利益。佛法修学是在生活中历事炼心。历是经历，就是在日常生活上炼心。炼什么心？炼清净心、炼正知正见、炼觉而不迷。所以，真正学佛人，无论遇到善人或是恶人，顺境或是逆境，无一不视为是帮助自己消业障、增长福慧的助缘，如何不欢喜？内心的喜悦油然而生，此是法喜充满。大家在一起共修，人人都得到法喜，换言之，个个都有真正的成就。

6.“利和同均”。这是讲在一起共修的人，物质生活是平等的。道场的财源，在古时候，一部分是帝王护持的，就是国家建立的十方道场。其次就是大富长者捐助的。实在讲，化小缘建立的道场，在古代并没有，这是很晚很晚才出现的，并不是如法的。特别是出家人自己去化小缘，在从前没有这种事情；因为出家人的生活是树下一宿，日中一食。吃饭，外面去托钵；睡觉，找个树阴大的地方打坐、休息一晚，他的功夫不间断。因此，道场的建立就好像办学校一样，是为了教化一方众生而设立的。所以，建道场是这一方真正有学问、又有远见的人士来提倡创建，或是大富长者出钱、出力建道场，再礼请高僧大德到此地来住持、修行、教化众生。这好像办学校，校舍建好了，就请品德、学问俱优的人士来做校长、老师；让他们在这里教导这一方众生是同样的道理。佛家的道场就是学校，所以无论是国家供养，或是地方大众捐助，凡是居住在道场的，无论什么身份，在物质享受上决定平等，这是利和同均。

道场里，六和敬一条都不能少，否则就不是释迦牟尼佛的僧团，也就不是佛的真正弟子。如果我们依世间法来讲，所谓"家和万事兴"。国家能和，再强的敌人也不敢轻易地欺侮！为什么？上下团结的力量太大了。六和敬，小而家庭、公司、社团，大至国家，只要做到见和同解、戒和同修、利和同均这三条，没有不兴旺的。见和同解，大家便能同心同力建立共识；戒和同修，人人守法；利和同均，在生活享受上尽量接近平等，差距不要太大，以免人心不平、社会动乱。因为贫困的人，看不惯富人的享受，就会抢劫、造反，动乱就会出现。

目前就商业方面来说，还没有人能超越日本。日本商社从战后兴起，时间不算长，今天跃居世界第一位，是何原因？他们就是做到了这三条。在世界各国，工商业无法和日本相抗衡，就是没有这三条。在日本，商社公司亏损了，高阶层的人不发薪水，基层员工照发。所以，员工怎能不感恩心服？员工有意见绝对不罢工，照常上班，只在头上扎条白布，表示"我有意见，我要反抗你"。老板看到，便赶紧开会、沟通、协调。如此问题解决了，生产也不延误。所以，日本能居世界第一经济大国，就是做到了六和敬这三条。日本人的长处很多，我们中国古圣先贤的教训，他们还能保存，还能做到，而我们自己的文化遗产，完全都鄙弃丢掉了，这是我们这一代真正对不起列祖列宗的。看看当今的日本，我们应该感觉到非常的惭愧。

前两周，我在亨斯维尔，有一位同修来问我，他说他想结婚，问我应该找什么样的对象。我告诉他："你要找对象，一定要找一个见和同解的，如此，两个人奋斗努力的方向、目标、兴趣都相同，彼此互相帮助，家庭一定会美满。"我还说："不可以只谈爱情，爱情是无常的，今天你爱他，他爱你，一旦结合，双方毛病都暴露出来，两人不再相爱，家庭悲剧就产生了。无常的虚情假意，是绝对不可靠的。"由此可知，家庭也要建立在六和敬的基础上，才有真正的幸福。不懂此理，要想一生幸福快乐、家庭美满，是非常不容易的。

（三）三学 —— 戒·定·慧

下面跟诸位介绍的是佛法的课程。

我们在本质上已经知道佛教是教育，不是宗教。其课程是非常之多，内容几乎无所不包，绝对不是一所大学的课程所能涵盖的。这无量无边的课程，课本就是经书。诸位要知道，佛经不是全部流传到中国来。因为当时交通非常不便，印度高僧到中国来，中国的法师到印度去，都是选之又选，挑之又挑，好的才带到中国，次等的、再次等的都舍弃了。所以，传到中国的经书全都是精华！来到中国之后，并不能全部翻译，只好再挑选，只有最好的、最重要的被译出。

译经的工作相当困难。从前译场的经费靠国家支持，集合全国出家、在家，中国、外国各类人才之精英，从事于大规模的翻译工作。历史上记载，鸠摩罗什大师的译场，编制有四百多人；玄奘大师的译场有六百多人。我们在经书上所见到的译者，那是用译场的主持人（好像学校的校长）来做代表，并不是他一个人翻译的，而是译场内大家共同努力的成果。现在存世的汉文系统佛经相当完整。印度的梵文经典已经散佚失传，残留下来的很少。佛经除了汉文经典之外，第二个大系是藏文经典。藏文经典一部分是从梵文直接翻译，另一部分是从汉文转译的。这是文成公主嫁到西藏之后，把佛法带到西藏。在西藏对佛法生起信仰心之后，又从印度传进一支。

佛无论在哪个国家地区说法，其内容都不外乎戒、定、慧三学；其目的是对治我们这个时期、地区众生的种种苦痛。地区指的就是地球，时期是指释迦牟尼佛的正法、像法、末法，共一万两千年的法运。此时代、地区的众生病痛究竟何在？第一，"造恶；造十恶业"。佛用戒学来对治。戒学是对治恶业的良药。第二，"人心散乱，不能得定，不能清净"。所以，用定学来对治；定学是对治散乱的。第三，"用慧学对治愚痴"。造恶、散乱、愚痴是这个时代、地区众生的三大病，佛就用戒定慧三帖妙药来对治。佛陀说法是因众生而说的，众生如果没有病，佛就无法可说。这跟大夫因病用药的道理是相同的。所以，众生有病，佛就有法；众生无病，佛就无法。就如《金刚经》所说："法尚应舍，何况非法。"众生没有病了，佛法也不需要了，非要佛法不可也会变成病。就如一个健康的人天天吃药，岂有不出毛病的道理！所以，佛法的一切经典依功用归纳起来，不外乎这三大类。

佛经分"经、律、论"三藏；定学就是经藏，戒学就是律藏，慧学就是论藏。这是图书分类的方法，最早是从佛教传来。此后中国人也把所有的书加以分类。清朝康乾年间，把全国图书作一个总整理，再分类，依经、史、子、集，分成"四库"。库跟藏意思相同，库是仓库，藏是收藏。所以，"四库"是从佛法三藏得到启示的。三藏，有分大乘、小乘。小乘有声闻藏、缘觉藏；大乘是菩萨藏，再分就愈分愈细。总而言之，戒学是调身的，定学是调心的，慧学是调行的，即我们身心的行为。因此，学佛之人，起心动念，言语造作，无不是智慧。你说他怎能不快乐！

（四）六度

1. 布施

我们知道佛法教学课程标准的内容，是在日常生活中，我们要如何生活、如何待人处世。佛在这些地方有没有明确的教导？我想这是我们每一位同修都非常关心的。这些问题佛在一切大乘经论里已广泛地为我们说明，其内容就是菩萨行里的六度。也就是说，我们在日常生活中，对人对事对物要遵守这六个原则："布施、持戒、忍辱、精进、禅定、般若。"从早上起床漱口、刷牙，到晚上睡觉，一天之中所接触的统统是六波罗蜜，这才是真正的修行。

大体而言，世间人所最先追求的是财富。因为没有财富，生活会过得很苦，所以财富是第一个努力追求的目标。其次是追求聪明智慧。人除了不喜欢呆头呆脑之外，还想要追求长命百岁、健康长寿，这三大目标人人都追求不舍，古今中外，没有例外的。佛法是要满足我们的愿望、希求的，这三样东西能不能得到？能得到。常言说得好："佛氏门中，有求必应。"为何有人求不到？因为他不明了事实真相，不懂得追求的方法。事实真相就是道理，如果懂得道理、方法，就没有一样得不到。佛给我们讲明原理、原则，就是帮助我们有求必应。因此，这重要的原理、原则，我们要细细地体会。

佛告诉我们，财富、智慧、健康长寿都是属于果报；要想得到这个果报，一定要先修因。善因得善果，恶因得恶报；有果必有因，有因必有果。这是永恒不变的真理。有人发财了，财从何而来？绝对不是他很聪明，或他的方法很多，就能赚钱。比他聪明的人很多，比他方法灵活的人更多，为何那些人不发财而他发财？佛告诉我们，财富之得来，是前生种的因。种的什么因？财布施。所以，六度中，布施列在第一。"财布施"

得财富；"法布施"得聪明智慧；"无畏布施"得健康长寿。因此，想得财富、聪明智慧、健康长寿这三种果报，一定要修财施、法施、无畏施这三种因。世间人今生得这种果报的，大多数是前生修得的，少数人是这一生修得的。这一生如果修得很积极，这一生就得果报，不要等来生，这就是果报。果报一定要靠修因，这是永远不变的定律。

(1) 财布施

布施在整个大乘佛法里，是菩萨修行最重要的一条。无量无边的法门，归纳起来就是六度。这六条再要归纳，就是布施一条。所以，佛首先教我们修布施波罗蜜。布施，一般人很难理解它真正的含义。往往听说布施，就赶快捐一点钱到寺庙里去。这是错解其意，这样的理解，布施太狭隘了，岂是菩萨修的？其实在日常生活中，念念为别人，不为自己，就是布施，就是供养。所以，人人天天都在修布施波罗蜜，天天都在行菩萨道，只是不懂得、不知道而已。譬如说早晨起来，你把家人盥洗所使用的东西都准备好，早餐、茶都烧好了，你就是在布施、供养你一家人，你在行菩萨道，修布施波罗蜜，在修普贤菩萨的广修供养。你心里多快乐。能这样领悟就不会说："家人都把我当老妈、下女、佣人，要我天天去伺候他们。"天天发牢骚，所有的布施功德都没有了。念头一转，牢骚、痛苦就变成布施波罗蜜，立刻就得到佛法的快乐和智慧的实益。

在美国有些制度，令人不得不布施。譬如医药保险，人人都要买。怕自己生病的时候，医药费付不起，所以先买保险，由保险公司替你付医药费。在每个月缴医药保险费的时候，如果是为了自己生病而作准备，如此，将来一定会生病；不生病，这些钱就无法开销。如果念头一转，我是在修布施、修供养；帮助那些有病的人，供养那些有病的人。这样布施出去，你一生永远不生病，因为你修的是不生病的因。你布施、照顾老人，将来你就得善果。即使老了，也会有许多年轻人关怀你、照顾你、伺候你，种什么因一定结什么果。

一个人服务在公司行号里，每天努力工作，如果是为了要多拿一点钱，或是为了地位要慢慢升高，那就不是布施了。若能如是存心：我今天努力地工作，是布施这个公司、是供养社会大众，加薪与升迁非我所求，那是在行菩萨道。以菩萨的施舍心在做工作，永远不疲不厌，会愈做愈快乐。这就是俗话常说："人逢喜事精神爽。"假使事情是自己不愿做，又不得不去做，就会疲倦、讨厌。反之，欢喜、高兴做的事情，会愈做愈有精神。我今天到世界各地跟大家介绍佛法，是我欢喜做的，这是法布施。你们不懂得，我来教给你们，告诉你们，是希望大家都能减少烦恼、痛苦，都能得到佛法的喜乐和智慧，来充实提升生命和生活的美满！

我在一九八四年，第三次到洛杉矶，一下飞机，讲堂已经布置好了，立刻就去讲演。一天讲九小时，还要我站着讲，下面的人坐着听；坐着听的人累了，我讲的人不累，愈讲愈有精神，愈讲声音愈大。因为观念、心境不一样。假如我讲经，计算一小时要拿多少钟点费，再看看听的人不起劲，就会疲惫、厌倦。我不是为此而来的，我是以无比欢喜的心，把无上甚深微妙的佛法介绍给大家。这个欢喜就是法喜，是最好的营养。

现前大家讲求这个营养那个营养，那是假的。看看佛门里的"禅悦为食"。何谓禅？心地清净；悦是心地欢喜，这才是最滋养的（最丰富的滋养）。所以，健康不在饮食，得欢喜心、得法喜，就会健康、长寿、年轻、不衰老。忧能使人老、使人病，每天愁眉苦脸就容易生病，衰老也会非常之快。欢喜是健康的因素，它是从布施波罗蜜得来的。

我们再举一个例子来说明，诸位在此地，汽车都买了保险。为什么？发生车祸的时候有人赔偿。如果你念头一转：我这是修布施，是帮助那些出车祸的人。如此你这个车永远不会出车祸，永远有佛菩萨加持你。诸位看看，念头一转，就是菩萨；念头不转，就是凡夫！菩萨与凡夫有何差别？觉迷而已矣。迷者——处处为自己；觉者——样样为众生。样样为众生，自己所得的好处真正不可思议，无法想象！处处都为自己，得到的好处非常有限，而且得到就没有了。试问，谁聪明、谁是傻瓜？

所以，要念念为一切众生，不要为自己。今生，你有财富、有钱是福报；用钱是智慧。钱能用在社会上，能用在大众上，这是大智慧，是真正会用钱。假使处处为自己着想，那是很笨的，修来的一点点福报，没几天就享完了。如果能将念头一转，将福报布施给众生，福报就会更加增盛，直至无有穷尽。布施的内涵无量无边。我们每一个人，每天在日常生活中，随时随地都可以修学。只要一念转过来，就是行菩萨道；转不过来，就是六道凡夫。以上财布施，只是略举几个例子说明，诸位自己要多多去体会，多多去思维，就会做得圆满。

财布施，在佛法里又将其分为内财与外财。外财是身外之物，内财就是身体。在医学界里，有许多捐赠眼角膜或捐赠内脏者，这是内财的一种。再者，我们以体力去帮助别人，也是内财布施。如果我们为人家工作不求报酬，就是义务的工作（义工），这也是属于内财布施。由此可知，我们随时随地都在做布施，就是没有那种布施的心，所以不是行菩萨道。假如我们有一颗布施的心，每天时时刻刻，统统是修六度，统统都是修菩萨法。

所以，菩萨法与凡夫不同之处何在？就是在此一念之心；一念觉为一切众生，就是佛菩萨；一念迷为自己，就是凡夫。所以，佛家善恶的标准：凡是为自己的都是恶，为别人的都是善。初学的人听了很难懂。人，为何不能为自己？诸位要知道，凡夫所以不能成佛，是由两种执著障碍。第一种是我执，第二种是法执。我执要是破掉了，就证阿罗汉果；法执破尽了就成佛。念念为自己的人，我执天天在增长，即使修一切善法，也只是增长执著而已。因为执著不能破除，所以佛说此是恶。你若不想出三界，则另当别论；想出三界，一定要破我、法二执。我执就是烦恼障，烦恼的根源；法执是所知障的根源。

（2）法布施

第二种是"法布施"。法布施是智慧、聪明、才艺的修因。因此，它包括的范围也非常广泛。它通常被分为世间与出世间一切法，就是佛法与世法。凡是别人想知道的、想学习的，只要我会，我就能热心地去教导他，这都是法布施。所以，法布施不一定是讲经说法，讲经说法是无量法施当中的一种。譬如说，我烧得一手好菜，别人不会，但很想学，我就尽心尽力地教导他，这也是法布施。又如某人不会做工程，我会做，我指导他、教他，也是法布施。对小朋友讲解小学课程，也是法布施。乃至于各行各业无尽的知识、技术，没有条件、不计酬劳的传授，都属于法布施。

如果有代价、收学费的，就不是布施。或许有人会问：现代学校老师每个月拿薪水，他们教小孩，算不算法布施？这就在于教师的一念心。如果教师是为了教育下一代，不是为名为利，那就是布施。如果是为薪水，或是为了升等，想从讲师升副教授、升教授，就不是法布施。真正修法布施的人，是非常热心，不疲不厌的；不是修法布施的人，名利得不到就消沉、就灰心，教导也就不够热心，动力是有限的。

所以，菩萨总是以无尽的悲心去利益一切众生，绝对没有条件的，特别是在佛法。佛在《无量寿经》上告诉我们，一切布施中，法布施为最。此处法布施是指佛法布施。因为世间的法布施不究竟，唯独佛法布施能帮助一切众生，进而获得无量的智慧，无尽的德能、才艺，断烦恼、了生死、出三界、成佛道。这种布施才是最圆满、最殊胜的，只有大乘菩萨法里才具足，所以一切诸佛如来无不赞叹。

看看我们佛教界，布施经典是最重要的一项；其次是讲经说法的录音带、录像带；再有就是接受各方邀请，把佛法介绍给大众，推广到社会，这统统是法布施。可是现在我们把经本翻开，后面往往印着"版权所有，翻印必究"，或是"版权所有，不准翻印"，这就不是法布施。这是什么行为？是商人在卖书，法施的功德利益统统都没有了，只是世间商人开书店做买卖而已。录音带也是"版权所有，不准拷贝"。甚至于少数请讲经的，也要先谈好供养，讲多少小时，给多少供养，这也变成买卖，这都不是布施。

所以，菩萨行一定只为利益众生，绝对不为自己。假如某个地方没有供养，但是大众真正渴望佛法，佛菩萨就自己出路费满众生的愿，绝对不勉强、不为难任何一个人，只是要大家真正得到佛法的殊胜利益。

（3）无畏施

第三种是"无畏布施"。在众生身心不安、恐惧、害怕的时候，能帮助他，消除他的恐惧，这一类的布施称做无畏布施。其范围也是非常的广泛。譬如国家受到外国的侵略，发生战争；在此人心慌乱之际，从军到前方去抵抗敌人、保护后方，使后方人民能安居乐业，这是属于无畏布施。又如，有人晚上走路会害怕；有的怕鬼，有的怕强盗，而路又很长，我能送他回去，陪他一程，他不害怕了、心安了，这也是无畏布施。其他的例子就不必多举。由此可知，只要令众生身心安稳，离开一切恐惧，统统叫做无畏布施。无畏布施所得的果报是健康长寿。

我特别提醒同修们，吃素食是属于无畏布施，一切众生看到你都不会害怕，因为你不会伤害他；真正做得圆满，得健康长寿的果报。再加上法布施得聪明智慧，财布施得财富，这是人生最迫切、最基本的需求。这三种果报我们想要都得到，就要认真去修三种布施。在中国历史上，财富、聪明智慧、健康长寿，最大最圆满的就是乾隆皇帝。他"贵为天子，富有四海"，兼具聪明智慧、健康长寿。他做了六十年的皇帝，还做了四年的太上皇。自喻："古希天子。"自古以来甚为稀有。那是真的，不是假的，也不是他夸口，这是他在过去生中，生生世世，都修清净圆满的财施、法施、无畏施，才得如此大的福报！

在大乘经上，佛常常教导我们，菩萨一定要修布施波罗蜜。波罗蜜是"究竟圆满"的意思。如何将布施做到究竟圆满？这是菩萨重要的一个课题。我们在日常生活中，从早到晚处世待人接物，只要一转念，时时处处无不是在修布施。但是这个不圆满、不究竟。究竟圆满的布施是放下、是舍、是帮助他人。我们应当如何放下？放下就要能舍，舍后面有一个得字；小舍就小得，大舍就大得，不舍就不得。究竟圆满的舍是什么？诸位，你有没有烦恼？有。为何不把烦恼布施掉？你有没有忧虑、牵挂？你有没有生死、有没有轮回？把这些东西全部都布施了，你就得大圆满、得大自在。这才是究竟的布施，也就是布施波罗蜜。我们要从身外之物，逐渐地练习施舍，舍到一切都能舍，最后连烦恼、生死都能舍弃，才能恢复自性的清净光明。

2. 持戒

第二是"持戒"。持戒就是守法，世出世间一切事物，无论大小，都有它的法则，一定要遵循法则，才能做得圆满、快速。六度里的持戒是要我们平常守法，并不单指受持五戒、十戒（这是根本戒）。在家庭方面，有家庭的规矩，如父子、夫妇、兄弟，这是伦常，它是有长幼、有自然的一种秩序，绝对不能颠倒！一颠倒家就乱了，父不父、子不子。就烧饭而言，烧饭也有顺序，洗米、下锅、调温度，不照此法则，饭就煮不好，也煮不熟；炒菜，下锅也有先后，乃至于学习，也都有次序和方法。

学佛，佛家的方法更是精严。我们要想在佛法上有所成就，必须要遵守佛教给我们的修学次序，先从发大心起。大心就是要度一切众生的愿心，然后断烦恼、断习气，再学法门，最后是圆成佛道。成佛后，才有能力广度众生，才能圆满实现第一誓愿："众生无边誓愿度。"否则的话，能说而做不到，便成空愿。

也许有人会问："一定要成佛？做菩萨不行吗？"须知，菩萨虽然度生，不能度阶位比他高的菩萨；纵然是等觉菩萨，也不能度同等阶位的等觉菩萨；成了佛，等觉菩萨也在度化之内。因此，一定要成佛道，才能广度九法界一切众生。有此愿，慈悲的力量就会发出来。

若还有是非心、人我心、好恶心，他还有分别，某甲跟我好，我度他；某乙我讨厌他，我才不度他。如此，便要在"众生无边誓愿度"下面加一个注解："某些人我不度。"如此，便不是真愿，不是圆满的愿。圆满的愿心一发就是菩萨，是没有分别的。所以，《华严经》上的初住菩萨，称做初发心菩萨，也称之为"发心住"。这种心就是菩提心，是不可思议的，绝不是六道凡夫的心量。

佛常常教导我们"慈悲为本，方便为门"，这是教我们要如何生活。平日存心要慈悲，做事要有方法，并且做得恰到好处。要知，方法里面还有方法，方法重重无尽。所以，这两句话不仅仅局限在狭隘的学佛，日常生活中要普遍应用。此一段是给大家介绍的六度，乃六大纲领、六个方法；每一度里，又有许多的方法，可见方法是重重无尽。只要能善于运用，岂有不自在、不快乐的道理！这是持戒波罗蜜。

3. 忍辱

第三是"忍辱波罗蜜"。忍辱就是忍耐，无论做什么事，都要有耐心。当年译经的法师，看到中国人有一种倔强的个性。在古书上常常记载着："士（读书人）可杀不可辱。"谈到忍，什么都可以忍，连杀头也没有关系，都可以忍，只有侮辱不可以忍；因此，译经法师就将这一名词译作忍辱。辱都能忍，还有什么不能忍的！所以，忍辱是专对中国人倔强的个性而翻译的，它原来的字意只是忍耐，没有辱的意思，其用意是告诉我们小事要有小的耐心，大事要有大的耐心。《金刚经》告诉我们："一切法得成于忍。"没有忍耐，什么事情都不能成就。以读书求学而言，念大学四年，就得忍四年，不能忍耐四年，就毕不了业。到此听讲两个半小时，也要有耐心，能忍得住，这一堂佛法才能听得圆满。由此可知，一个人没有耐心，无论他条件多好，也是一事无成。因为成功永远属于有耐心、有毅力的人，所以耐心是成功非常重要的一个条件。世尊在《金刚经》上给我们讲菩萨六度，特别强调布施和忍辱，其他讲得很少。换言之，这两个是修行成败的关键。

俗话常说："处世难，处人更难。"从前处人还容易，现在处人比从前不知道要难多少倍！原因何在？从前的教育，是教我们做人；现在的教育，只教我们做事，所以我们不知道如何做人。对自己的情绪千变万化都无法理解，不要说去了解别人。你说处人怎么不难！

为此，佛教给我们忍耐。忍分为三大类。一是对人为的加害要能忍受，忍人家对你的侮辱、对你的陷害。能忍，绝对有好处；能忍，心清净，容易得定，修道容易成就，也是最大的福报。二是自然的变化，如冷热、寒暑的变化，要能忍；饥饿、干渴要能忍；遇到天然的灾害，也要能忍耐。三是修行，佛法的修学也要忍耐。在没有得到法喜，功夫没有得力之前，修行是很苦的，路是艰辛的，此阶段过去之后就很快乐，因为功夫上轨道了。就如上高速公路，在没有找到高速公路，在绕圈子的时候是很苦的。路上车子又多又慢，得有耐性。上了高速公路，就很舒服、畅快，一切阻拦都没有了。

我们学佛也是如此，初学都是摸索无量的法门、宗派。究竟哪宗好？我想学什么？有的人很幸运，三年、五年就找到了；就好像幸运的人，走了一段小路立刻就上了大路。有些人花了十年、二十年，乃至一辈子都摸不到门路，那就很冤枉、很苦了。这当然与自己的善根、福德有关系，善根、福德、因缘具足，佛菩萨必定加持。这就是"佛氏门中，不舍一人"。一个真心向道、真心慕道的人，佛菩萨常常在那里守护照顾，到他真正肯接受，再给他启示，光明大道就找到了。

佛菩萨为何不来点醒你？点了，是你不接受！告诉你这个方法，你心里却想：这未必好，我听人家讲那个法门比这个殊胜。你还跟佛菩萨争论，佛菩萨只好不来。这一点希望诸位细心去领会。所以，修行要有很大的耐心，没有耐心不能成就。耐心是禅定的前方便，不能忍耐就没有更进一层的境界；耐心也是精进的预备功夫，有耐心才谈得上精进。

4. 精进

"精进"，精是专精，进是进步。由此可知，佛法不是保守的，更不是落伍的，佛法是天天都求进步的。如同儒家的"日日新，日新又新"。现代有人说，儒家是落伍的，佛教是应该淘汰的。这是他对于佛法六度中的精进，以及儒家的日新又新完全不了解，而引发的谬论。进步是好的，但最重要的是要精进。精是纯而不杂。目前，西方有许多大科学家，一生当中有许多特殊的发明。他是专精，天天去研究，锲而不舍，终于有了新发现。世间法如此，佛法也是如此。在无量法门当中，必须是"一门深入"，才能成就。若是门门都学，是绝对不可能成就的；门门都学，那是一门成就以后的事，一门成就，其他无量法门一看、一听当下都通达了。所以，一通一切皆通。在没有开悟、通达之前，门门都学就会变成障碍，这是修行必定要知道的。我们举一个念佛成就的例子，你就会恍然大悟：古人修学得以成就都是专攻一门。

民初，谛闲法师有一位徒弟，四十多岁才出家。他的年龄跟老法师差不多，他们是从小在一起玩的朋友。谛闲法师家庭环境比较好一点，所以念过书。他的舅父做生意把他带出去，所以算是见过世面，出外旅行过的。他那个同学家境清寒，没有读过书。长大之后，生活非常困苦，学一个锅漏匠的手艺。何谓锅漏匠？就是碗碟打破了，他能把它补好再用。他就天天挑个担子在外面吃喝，非常的辛苦。他真正体会到人生太苦了！他也知道小时候在一起玩的朋友，出家做和尚，于是就找到谛闲法师，在庙里住了几天，就跟老法师说："我要出家。"法师说："为什么？""生活太苦了，我一定要出家。"老和尚说："你不要开玩笑，住几天还是去做生意吧！"为何不让他出家？老和尚考虑他年岁太大了！在当时四五十岁就是老人，体力也衰了。出家，五堂功课学不会，念经也念不了，住在寺庙里，令人瞧不起，冷眼相看，心有多难过。学讲经，他不认识字，得从念书做起，要到哪一年才能成就？于是，老和尚就拒绝他。结果他就硬赖着："我非出家不可，我不做生意了。"

老和尚让他搞得一点办法都没有，再想到小时候在一起的这份感情，老和尚就说："这样好了，你要是真的想出家，得答应我几个条件。"他说："这没有问题，我认你做师父，你说什么我统统听，统统接受。"老和尚说："这很好！我给你剃头，剃了头之后，你也不要去受戒，也不要住在庙里。受戒，五十三天，你受不了。"宁波乡下有很多小庙、破庙、废庙没人住，就找一个小庙给他住下来。老法师在附近找了几个护法、信徒，每个月给他送一点钱、送一点米，安住他的生活。又在附近找一个念佛的老太太，每天给他洗衣服，并烧中午、晚上两餐饭。然后教他一句佛号"南无阿弥陀佛"。最后交代他："你就念这一句佛号，念累了就休息，休息好了你就再念；一直念下去，你将来一定有好处。"此人没有读过书，但是听话、老实，他就死心塌地念这六字圣号。他真的念累了就休息，休息好了就再念。在那个庙里，三年都没有出门，一句佛号，一点也不杂，这就是精进。

有一天，他离开寺庙，到城里去看他的亲戚朋友。晚饭过后，就跟那位烧饭的老太太说："明天你不要替我烧饭。"老太太心想："师父三年都没出门，今天出去看朋友，大概明天有朋友请他吃饭，所以叫我不要给他烧饭。"到了第二天中午，老太太到庙里去看看，师父有没有回来？有没有人请吃饭？那是个破庙，庙门都不关的，到庙里，喊师父，没人应，就再去找一找。看见师父站在寮房里，面对着窗户，手拿着念珠。喊他，他不回应；走到他面前，才知道他死了，站着死的，念佛往生了。老太太吓了一跳，她从来没有看见人是站着死的，于是赶紧报告那几位护法。这些护法一看，也不晓得如何办理，就派人到观宗寺报告谛闲法师。那个时候没有车，请人去报信，来回需要三天。他站着往生，还要站三天，等他的师父来为他办后事。

诸位要知道，三年能成功，精进！谛老看到之后，非常赞叹说："你没有白出家，你的成就，讲经说法的法师，名山宝刹的住持方丈，没有一个人能比得上你。"一句阿弥陀佛，念累了就休息，休息好了就再念，三年成功，了脱生死，如此殊胜的成就到何处去找？一句阿弥陀佛，就是专精，不夹杂、不间断是成功的关键。

无论世出世间法，要想在此一生有真正的成就，一定要知道精进。无论是念佛、参禅、持咒，或是研教，都要知道遵守此原则。就教而言，如果一个人发心，自己修学也能帮助别人。最好一生只学一部经，专讲一部经，这就是精。每讲一遍，必定有一遍的境界，遍遍都有进步。如果有人专讲《阿弥陀经》，能讲上十年，此人就是阿弥陀佛。假如十年专讲《普门品》，此人就是观音菩萨。如果他十年当中讲十部经，那他什么都不是。你才晓得精进之可贵。

一九六九年，星云法师找我去佛学院教书，我曾建议他，并劝他，让每一个学生专学一部经，我说："法师，如此十年、二十年之后，你的佛光普照全球。"他听了之后说："好是好，但那就不像佛学院；佛学院里开的课，要像一般学校一样。"我说："这样做，有一定的好处。"最后他没接受，我在那里教了一个学期就离开了。假如那时真的接受我的建议，一百个人我们打个对折，现在就有五十多个专家出来弘法，那还得了！大家要听《阿弥陀经》，请阿弥陀佛来跟大家宣讲；想听《地藏经》，就有地藏菩萨来宣讲。个个都是专家，如此佛法才能真正普遍地弘扬。所以，希望你们做专家，不要去做通家；表面上样样学，结果是样样都不通。一样通了，结果是样样都通；虽然是门门皆通，还是专弘一门。这种做法是给大家做一个表率，做一个榜样。任何一尊佛、任何一尊菩萨不是样样都通？可是他还是标榜一门。这样教我们一门深入的修学才称为精通；精进的利益、功德是无量无边的。

5. 禅定和般若

第五"禅定"。禅定包括世间与出世间的禅定。世间禅定是讲四禅八定，如果修成，将来就能生色界天、无色界天。这是高级的天界，需要禅定才能得到。出世间禅定，有大小乘之分。诸佛如来所修的，我们称为出世间上上禅定。整个佛法修学的枢纽在"定"，并不是禅宗才修禅定，其他的宗派就不修禅定。以念佛而言，念佛目的何在？在得一心不乱，一心不乱就是禅定；教下修止观，止观也是禅定；密教修三密相应，相应就是禅定。

由此可知，每一个宗派、法门，所用的名词虽然不同，其实都是在修定。所以，六波罗蜜里，禅定统统都包括了。就连我们日常生活中，小小定也含摄在其中。小小定是什么？就是心中有主宰。大而言之，在此一生中，自己有一个方向、有一个目标，其方向、目标绝对不会被环境左右动摇，这就是定。如科学家，从事科技研究，不被其他的事物所影响，他就会成功，他就得到佛家讲的"三昧"，所谓科技的三昧。念佛人念到一心不乱，他就得念佛三昧。像刚才讲谛闲老法师那个徒弟，他真的就得到一心不乱。因此，忍辱是基础，能忍就有耐心，有耐心才能精进，精进才能得定，而定是修行的枢纽。

禅定，六祖大师在《坛经》里给我们下了一个定义，明了此定义，才知道禅定并不只是打坐而已。打坐是修禅定的无量方法之一，除打坐之外，还有无量的方法，都在修禅定。六祖大师是由《金刚经》开悟的，所以他所讲的，都是依据《金刚经》佛所说的原理、原则。他的解释："禅是外不着相（不执著一切境界相是禅）；定是内不动心。"《金刚经》上有两句名言——"不取于相，如如不动"，这是释迦牟尼佛教须菩提尊者弘法利生的态度。不取于相就是禅，即不着相；内不动心，不起心动念就是定。

在《华严经·善财童子五十三参》中，善财童子去参访修禅定的鬻香长者，到何处去找他？这位长者不在家里打坐，也不在道场修定。他到何处去了？跑到市场去了。这是佛经上讲的"市廛"。市廛就是最热闹的市场，像美国大的MALL。长者在那里面逛，他在做什么？修禅定。他在那里修什么？修"外不着相，内不动心"。你看他好像是在逛MALL，实际上他是修禅定，他不像人家盘腿面壁。所以，遇到高级的禅者，我们都会瞧不起他。哪个地方热闹他就往哪里去，殊不知他在那里修养高级禅定。我们只佩服那些能盘腿面壁几小时或几天的禅者。一看到就会说："这个人的功夫了不起。"不晓得人家逛MALL的功夫，不知道他的定功高人多少倍。要知道高级的禅定，是行、住、坐、卧都在定中。

为何禅定如此重要？为何一定教我们外要离相，内要不动心？因为"凡所有相，皆是虚妄"，"一切有为法，如梦幻泡影"。何谓有为法？如果诸位念过唯识就很好懂。在《百法明门》里，佛将一切法，即万事万法归纳为一百大类；此一百类，八个心法，五十一个心所法（心理作用），二十四个不相应行法，十一个色法（物质），统统是有为法。不但所有一切物质是梦幻泡影，我们起心动念、打妄想也是梦幻泡影。

佛真正明了这些事实真相，教我们对这些境界不要起心动念，我们的真心就恢复。对宇宙之间一切事物的看法，就跟诸佛如来无二无别。此时的知见就是佛知佛见、正知正见，这就是"般若波罗蜜"，就是般若智慧。所以，般若智慧是应用在日常生活当中，应用在前五度上。这就是我们要学菩萨行（菩萨的生活），对于一切法明了通达，且于一切法不执著，尽心尽力去帮助别人。

何以要帮助别人？此是源于诸佛菩萨的"同体大悲，无缘大慈"。因为只有佛菩萨晓得，尽虚空遍法界，所有一切众生与自己是同一体；既是同体，就如同我们的身体，右手痒了，左手抓一抓，还要谈何条件？不需要，同为一体。现前我们迷失了自性，不知一切众生与我们是同体，同一个真如本性。所以，在此分自分他、迷惑颠倒、起惑造业、自作自受、苦不堪言。佛教给我们破迷开悟，把这些迷惑颠倒统统打破，才能看到事实真相，帮助一切众生就是帮助自己。慈悲心、爱心是从"无缘慈、同体悲"而发，不谈任何条件的。

总而言之，一切作为都有方法，都有程序，这是"持戒"；有耐心、有毅力，这是"忍辱"；能专精不懈，这是"精进"；心地有主宰，不会被外境所动，这是"禅定"；一切事物无一不透彻、不明了，这是"般若"，佛教我们这六条要应用在日常生活当中，能做到就是道道地地的菩萨行。绝对不是说，受了菩萨戒就当了菩萨（迷惑颠倒的菩萨）。若不懂六度，不能将此六条应用在日常生活之中，受了菩萨戒也是泥菩萨。

（五）十愿

三福、六和、三学、六度，全部都应用在日常生活当中，才是学佛，才是学菩萨，才有一点像菩萨。菩萨修行，单单修六度还不能成佛，要念佛求生净土。念佛，可以念到功夫成片，可以念到事一心不乱；理一心不乱，我们达不到。换言之，在六波罗蜜的基础上，再往上提升一层，此是何法门？《华严经》的普贤菩萨十大愿王，这是成佛的法门，是理一心不乱的法门，是法身大士的境界，所以这是最后修学的，是不能躐等（超超等级，不按次序）的。假使六波罗蜜没有修成功，这十大愿王实在讲连边都沾不上。

普贤行的特色，就是心量广大如虚空法界一样，所以他的十愿，愿愿都是究竟圆满。

1."礼敬诸佛"。何谓诸佛？佛在《华严经》上告诉我们："情与无情，同圆种智。"这就是诸佛。情是一切有情众生，就是一切动物；无情是植物、矿物。所以，诸佛是包括所有一切。把我们对佛的那种恭敬心，转而对一切众生，这就是普贤心，与一般的菩萨心不同。学佛的人对佛很恭敬、很虔诚，其实这种恭敬、虔诚还不是真的。诸位想想，你在听经时，如果遇到一个更重要的人，一件更重要的事，听经就变成次要的，佛也不要了。可见得这种虔诚、恭敬还是不真纯，若是真正至诚恭敬，听经闻法便是人生第一大事。

但就事实而言，假如有一个人在你听闻佛法的时候告诉你："现在有一笔生意，立刻可以赚一百万美金。"保险你掉头而去，再也不回来听经。可见得，我们对佛菩萨的恭敬、虔诚，是禁不起考验的。一面对考验，才晓得此恭敬心、虔诚心一文不值！丝毫都不真实。

普贤行的恭敬是真实的，对一切众生跟对佛完全一样。因为一切众生本来成佛，得罪一个众生就是得罪佛，就是对佛不敬。对人要敬，对桌椅板凳又如何？它也是众生，众生是众缘和合而生起的现象。对它要如何恭敬？是不是每天对它顶礼三拜？如此学法就变成佛呆子。对物，你要把它摆放得很整齐，把它保养得干干净净的，这是对它的礼敬；书本，摆在书架上，摆得整整齐齐，是对书本的恭敬。所以，做事认真、负责，尽心尽力，把事情做得很好，做得很圆满，这是对事的恭敬。对人、对事、对物要平等地恭敬，就是普贤菩萨的大行。所以，六度菩萨行扩大、圆满了，就是普贤行。因此，普贤行是最圆满、最殊胜的修行方法。

2."称赞如来"。第一是礼敬诸佛，为何第二句讲称赞如来，而不说"称赞诸佛"？此用意很深。礼敬诸佛是从形像上而说。从相上来讲，一律要恭敬。见到善人恭敬，见到恶人也要恭敬，不分善恶、不分邪正，正法恭敬、邪法也恭敬，无有不恭敬。称赞如来是从性上讲的，这里就有差别了。善的，我们称赞他；不是善的，我们不称赞他，恭敬而不称赞，差别就在于此。

善财童子五十三参里，就有这样的典范：他对每一位善知识都是礼敬、赞叹，唯独三个人有礼敬而没有赞叹。这三个人，第一是胜热婆罗门。此人是外道，代表愚痴。所以，善财童子只有恭敬而不赞叹他。第二是甘露火王，代表瞋恚。此人脾气很大，稍微得罪了他，立刻就治罪，下油锅、上刀山。善财至此，有礼敬没有赞叹。第三是伐苏蜜多，是个淫女，善财也只恭敬而不赞叹。

这三个人代表贪、瞋、痴（三毒烦恼），他恭敬而不赞叹。所以，赞叹是以性德为标准，一定是善的、一定是正法才赞叹；如果不是善法、不是正法就不赞叹，仍然是要恭敬。因为恭敬是清净心、平等心，即使对于其他一般宗教我们也要恭敬；如果是正法、正教，我们也要赞叹。像天主教是正教，他帮助人生天，当然那不是究竟，但是能生天总比在三恶道强得多，所以我们也赞叹他。如果是叫人造罪业堕三途的邪教，我们绝对不赞叹。所以，这十愿的第二愿跟第一愿，就有如此大的差别，但是二者的心地绝对是清净圆满。

3.“广修供养”。普贤行的特色，就是心量无比的广大。在大乘佛法里，就是圆满的性德起用。一般菩萨，虽然是见性（明心见性），但并不圆满，所以性德的作用是部分的。唯独普贤菩萨性德的起用是圆满的，所以愿愿都是尽虚空遍法界，这是跟六度菩萨不同之处。因此，他的供养，一供一切供，供一尊佛就是供一切诸佛，不是单指已经成佛的诸佛；是情与无情全部包括在其中，没有成佛的所有众生，乃至于无情众生全部都是。所以，一即一切，一切即一，这就是菩萨的修学方法，也就是我们常讲的华严境界。此心量才真正是圆满地拓开了局限与分别。普贤菩萨在经典里告诉我们：“一切供养中，法供养为最。”因为唯有佛法能教人破迷开悟，教人恢复、证得圆满的自性，这是其他一切供养布施，都不能达到的。法供养中，是“依教修行供养”为第一。所以，在此特别提醒诸位同学，佛法是师道，一定要尊师重道，依照老师的教导去修学，我们才能获得究竟圆满不思议的功德利益。

谈到佛法，哪一部经是第一？隋唐时代，中国、日本、韩国的高僧大德，把世尊四十九年所说的一切经作个比较。他们几乎一致公认《华严经》是第一经。可见《华严经》是究竟圆满的教学，这是举世公认的。这些大德们，再将《无量寿经》跟《华严经》作一个比较，他们说《无量寿经》是第一经，把《华严经》比下去了。古大德曾经说过：《华严经》、《法华经》是最重要的两部大经，在中国佛法称为"一乘圆教"。一乘圆教只有这两部经，而这两部经都是《无量寿经》的导引，都是引导我们入《无量寿经》的。所以，《无量寿经》才是真正第一中的第一。读到古人这个说法，我是无比的欢喜，因为我自己有深刻的体验，我之所以入净宗就是《华严经》的引导。在往昔，我讲《华严经》十七年，现在依然没有中断，目前只讲《普贤行愿品》。在十七年当中，我是从《华严经》入净土的。因为我深入体会普贤菩萨在最后十大愿王导归极乐的意味。极乐就是《无量寿经》的胜境。从这里真正体验到：《无量寿经》是《华严经》的归宿，是《华严经》的精华。这才晓得古人所讲的话，是绝对正确。

由此，释迦牟尼佛四十九年所讲的经，最好的、最殊胜的，已经找到，提拈出来了。但是，如果不是夏莲居老居士将五种原译本会集成善本，我们也得不到圆满、殊胜的法益。从会集工作的伟大程度来看，确知夏老居士也是佛菩萨再来，绝不是普通人。实在是菩萨怜悯这一代众生，也是这一代众生成佛的机缘成熟，所以感得大菩萨降临世间，为我们做好整理的工作，使这个法门能在末法九千年当中大弘其道，广度无量众生。我到北京，夏老居士的学生黄念祖老居士送我一张照片。我把它放大印出来，供给大家供养。这张照片虽然翻印多次，不是很清楚，但是仍然可以从此照片上看到不可思议的感应：夏老居士的后面是屏风，他头顶上有佛像，而佛放光，他的鞋子也放光。虽然是屡次的翻印，还是能看得很清楚，头顶上有一尊佛坐着，下面还有莲花座。我们供养他，表示我们不忘这位大菩萨的恩德，感念他为我们会集了如此完善的经本，作为我们专修专弘的依据。

《无量寿经》共有四十八品，哪一品是第一？我们要追根究底，把第一之第一找出来。

善导大师说："如来所以兴出世，唯说弥陀本愿海。"现在我们知道《无量寿经》是一切经中第一，一切诸佛如来都是弘扬这个法门。换言之，这部经是诸佛度众生最主要的一部经典，其他各经都是辅助这部经的。在本经四十八品中，第六品最为重要。第六品就是阿弥陀佛所说的四十八愿，是阿弥陀佛自己宣说，释迦牟尼佛转述的，所谓佛佛道同，世尊转说，就是等于阿弥陀佛亲口宣说。我们展开《无量寿经》，释迦牟尼佛给我们介绍西方极乐世界的状况，没有一句是违背四十八愿的；字字句句都与四十八愿相应。此四十八愿，哪一愿是第一？古来所有高僧大德们共同认定第十八愿第一。十八愿是什么？乃十念往生；十念、一念决定往生。这才显示出佛法真正圆满、殊胜，以及不可思议的境界。

早年我初学佛的时候，心里有一个疑问，假如有人造极重的罪业，马上要堕阿鼻地狱，佛有没有能力让他立刻成佛？如果佛没有这种能力，佛的智慧、能力还是有限的；我们赞叹佛"万德万能"，那只是赞美而已，不是事实！反之，假如造极重罪业，马上就要堕地狱的人，佛有能力教他立刻成佛，那佛的智慧、神通才是真的圆满，我们不能不五体投地地佩服。等我念到《无量寿经》阿弥陀佛四十八愿，心中的疑惑才扫除，这才晓得佛的智慧、德能，真的是究竟圆满，没有一丝毫欠缺。佛确实有能力使极重罪人立刻成佛，问题在于人是否相信、是否接受。要是不相信、不接受，过失是在受罪之人，不是佛菩萨没有能力。所以，我们读了《无量寿经》才知道佛万德万能是事实，不是夸张，也不是虚赞。从这里，我们的确将十方诸佛如来度众生的妙法，真正找出来了，依照此法门修学，无一不成就。前面举谛闲老法师那位徒弟，一句阿弥陀佛念三年，就预知时至，站着往生。往生是上品上生，不是普通的。他站着走，而且还站了三天，等他师父来替他办后事。要知他一句佛号就是第十八愿，所以他的成就，就是第十八愿的证明；这个法门谁能相信，此人必定是大善根、大福德。就是《无量寿经》所说的，他过去生中，曾经供养无量无边诸佛如来，才能信受奉行；没有如此深厚的善根，劝他也不相信。

阿弥陀佛名号含有无量义，也就是虚空法界的一个名号，所以它无所不包。我们要是明白此名号的含义，整部《无量寿经》就是此名号的注解；如果要想了解《无量寿经》，《大方广佛华严经》，可以说是《无量寿经》的注解；再要了解《大方广佛华严经》，整部大藏经就是《华严经》的注解。你如此慢慢去体会，便能知道此名号功德真正不可思议！所以，这一句名号，就是全部的佛教；这一句名号，也就是尽虚空遍法界，所有一切法无法不包。所以，念此一句名号，一切都念到了。

在清朝乾隆皇帝时，有一位中国佛教史上非常有名气的法师，慈云灌顶法师，他的著作很多。他在《观无量寿经直指》里告诉我们，世间人，求消灾、求免难，用经、用咒，或者是用种种忏悔法都有效。假如是极重罪障，所有的忏法、经法都无效、都不起作用时，这一句阿弥陀佛能消、能除。我们才晓得，消灾灭罪，这一句佛号是第一功德。很多人不知道，而舍此他求。所以，生病要去念《药师经》，有灾难去念《普门品》，不知道这一句阿弥陀佛名号的功德，远远超越所有一切经咒。

就像我们在参观故宫一样。故宫里面最宝贵的是什么？是商周的铜器。但一般人看来，是破铜烂铁，没什么兴趣。再看看明、清的玉器，宝贵得不得了。其实那些玉器如何能跟破铜烂铁相比，那是真正的无价之宝！

相同的，世人不识货，不认识阿弥陀佛的功德，佛不得已而讲一切经，以便引导众生归向极乐。所以，善导大师讲的那句话没错。我们真正认识了，也能专修专弘净宗，实在讲，得到三宝加持，也是这个时代众生的机缘成熟。在最近五六年当中，各种不同版本的《无量寿经》，大概总共印了几百万册，流通到全世界。我在世界各地极力地介绍、推荐，欢喜接受的人，也是非常非常之多。我看到大家如此用功、认真地去修学，实在是感到非常的安慰，也充满了法喜，所有一切的辛劳统统都忘掉了。所以，依此法门修学，推广此法门，我们就圆圆满满地做到了广修供养。

诸佛菩萨接引众生的方便（方法手段）是无量无边的，这是大慈悲的展现，最后统统都是引导归向阿弥陀佛极乐世界。以密教而言，龙树菩萨开铁塔见到了金刚萨埵上师（始祖），金刚萨埵将密法传给龙树，由龙树传到人间。金刚萨埵亦称金刚手菩萨，是普贤菩萨的化身，就是普贤菩萨。另一位准提菩萨是密宗了不起的大德，他是观世音菩萨的化身，就是观音菩萨。在我们凡夫分别心里有显、有密，在佛菩萨则是完全圆满、自在、平等，无有分别，懂得这一层才知道八万四千法真的是殊途同归。佛为接引各种不同根性的众生，所以恒顺众生、随喜功德。众生想学什么就教什么，最后回到本家，大家都见到阿弥陀佛，才晓得原来统统是一样的。明白了这个事实，对任何宗派、任何法门，我们都要真诚恭敬，因为我们修学的方法虽然不一样，我们要到达之目的地却完全相同。

4. "忏悔业障"。业障是所有的人都有。人，起心动念就造业；造业一定就产生障碍。障碍什么？障了我们的本性。我们的真心本性里，有无量的智慧、无尽的德能，现在智慧、德能、神通都不能起作用。是何原因？就是有障碍。障碍分为两大类：一类是烦恼障，另一类是所知障。这两类障碍，我们不但没有把它消除，反而天天都在造。诸位想想，你什么时候不执著？佛在

《华严经》上告诉我们："一切众生皆有如来智慧德相（就是说一切众生跟佛本来是一样的，没有差别），但以妄想、执著而不能证得。"这一句话把我们的病根说出来。就好像医生，非常快速地就把病人生病的根源诊断出来一样。

"妄想"是所知障的根；"执著"是烦恼障的根。因此，佛法的修学没有特别的，无量的法门、方法、手段，无非是要把我们妄想、执著打掉，一旦破二障就见佛性。因此，忏悔业障在佛法修学里是关键、是枢纽，所有一切修学法，都是忏悔业障。但是业障真的不容易断，有业障修行是决定不能成就。在无量无边的法门里，只有净土法门最特殊，即使我们带了极重罪业的业障，乃至造五逆罪业，要堕阿鼻地狱，业障还没忏除，只要真正发愿改过自新，念这一句阿弥陀佛名号，求生净土，业障就消除了，立即就能成佛，就能做主。所以，慈云大师说："这一句阿弥陀佛，能消一切经咒消不了的业障。"此话不是随便说的，是千真万确的事实，在大经上可以得到证明。

在过去几年，有人提出来带业不能往生，要消业才能往生。此话在佛教界引起了很大的震撼，念佛的人心都慌了。一九八四年我到达洛杉矶，周宣德老居士在飞机场接我，一见面第一句话就问："法师，现在有人讲带业不能往生，要消业才能往生。我们一生念佛，不就白念了，不能往生岂不就完了，这怎么办？"

我听了笑一笑，然后告诉他："老居士，带业不能往生，不去也罢！"

他听了很迷惑："那怎么办？"

我说："如果带业不能往生，西方极乐世界就只有阿弥陀佛孤家寡人一个，你去做什么。"

他说："为什么？"

我说："你老人家想一想，西方极乐世界有没有说四土、三辈、九品？"

他说："有，经上有的。"

我说："假如不带业，这四土、三辈、九品从何而来的？"

他这一听，就明白了。四土、三辈、九品就是带业多少而分的。带得多品位就低一点；带得少品位就高一点。我说："你再想想，观音菩萨、文殊菩萨、普贤菩萨，他们是等觉菩萨，经上告诉我们，等觉菩萨还有一品无明没有破，是不是业?"他听了就笑起来了，那是业。等觉菩萨也是带业去的，要不带业，就只有阿弥陀佛一个人不带业，除阿弥陀佛之外，没有一个不带业的。我说："谁说带业不能往生?"他才恍然大悟，这才笑了起来，极乐世界统统是带业往生的。

佛法讲的是圆满，不与人结怨。所以，我后面补充一句话："说消业也没有错。为什么? 希望现前多消一点，少带一点，到西方极乐世界品位高一点，这也是好事情。"

我到纽约一下飞机，沈家桢老居士来接我，也问我这个问题。可见确实是有很多人不了解事实真相，而受了影响，在了解之后，就知道带业没错，消业也是一句好话，这是忏悔业障。念这一句阿弥陀佛是真正忏悔。但是，念的时候，心要与阿弥陀佛的心相应；愿要与阿弥陀佛的愿相应；解行也要跟阿弥陀佛的解行相应。如何做到相应? 我们念《无量寿经》，要能圆圆满满地把《无量寿经》的道理、教训，认真努力地做到，这就能相应，这才是真正的念佛人。念佛人绝对不是有口无心，口里念佛，心里打妄想，一点用处都没有。一定要做到念这一句佛号时，我心与佛心一样，愿与佛愿相同，把四十八愿变成自己的本愿，这才是真正念佛，才能消除一切罪障。

5. "随喜功德"。能对治凡夫很重的烦恼嫉妒。嫉妒心是与生俱来的。婴儿几个月大，或是一岁大，给他糖吃的时候，别人多拿一点，他心中的嫉妒就自然表现出来。嫉妒心对于修学是很大的障碍，所以普贤菩萨特别提出这一愿，教我们要修随喜功德。不但不嫉妒人，更进一步知道别人的好处，就是自己的好处，一定要成人之美。随喜不单是看到别人的善行、善事，能生欢喜心，还要尽心尽力促成他、帮助他，这就是儒家讲的"成人之美，成人之善"。如果自己能力不够，无法帮忙，我们有个欢喜心赞叹，也是随喜功德。而随喜不仅不嫉妒，还要发心成就，并且尽心尽力帮助人，才是真正随喜；自己有力量但是不肯尽力帮忙，或是单单不嫉妒，仍然不是真正的随喜。要知道成就他人就是成就自己。能欢喜容忍别人超越自己，随喜的功德就殊胜。

中国自古之教学，都是希望下一代的成就超过自己，如果不能超越，教育就完全失败。不像现代人，有嫉妒心、障碍心，唯恐别人超越自己。教别人，自己也要留一手，不肯尽心教授，这是吝法。吝法得愚痴的果报；吝财得贫穷的果报。这种人，不晓得果报之可怕！从前中国做官的人，戴的帽子称为"进贤冠"。此官帽是表法的，有很深的教育意义。它有两层像楼梯一样，前面一层低，后面一层高；低的是代表自己，高的是代表后人；做大臣的念念当中都希望后人能高过自己。无论在德行、学问、能力，乃至于生活水平上，都要不断求进步，不断提升，这才是教学的成功，社会全体都在进步，不是在倒退。皇帝戴的帽子，上面是平的，表示心要平等。皇帝和大臣穿戴的官服，是代表他们应有的义务与责任，时时警示他们要认真去做。

下一个时代，是我们教学的时代；如果我们的德行、学问、能力，不能有相当的成就，下一代的众生，我们就度不了。现代的小孩，他们所受的教育愈来愈偏重科技，而他们所处的社会愈来愈复杂。所以，要度化他们的人，心要愈来愈清净、智慧要愈来愈高、德行要愈来愈厚，才能应付下一代的时代和时机。因此，随喜功德显得非常重要。总之，嫉妒、瞋恨是严重伤害自性的，必须连根拔除，拔除的方法就是随喜功德。

6. "请转法轮"。我们佛弟子，受佛的教育，得到真实的利益，要用什么方法回报老师、回报佛？我们供奉佛菩萨的形像，每天给他上供，这能不能报答？不能报答。供养佛像，在佛前大供，这种仪式是提醒我们念念不忘报恩。真正能报答的，就是我们要如何把佛的愿望实现。佛的心愿是："希望一切众生都能闻到正法，依照佛法修学，早日圆成佛道。"满佛的心愿，以佛心为己心，才是真正报佛恩！

所以，真正报佛恩就是请转法轮。用现代话说，就是礼请法师大德讲经说法，来弘法利生，这也是最大的福德。这是对一个地区供养。虽然说法的是法师，但是没有礼请的助缘，他不会自己来，所以礼请的人福报是很大的。一般讲修福，无论是为自己修福、为大众修福、为亡人（祖先或亲人）修福，念经的功德就很大了。如果是讲经，其功德就更大。念经，有许多人只种一点善根，实际的教理并不明了。但是请法师讲解，对于经典就完全理解了，便能欢喜读诵、依教奉行。如此，讲经的功德不知道比诵经增加多少倍！

现在能讲经的法师少了，想请也请不到。我在许多地方，听众都反映："现在要请法师来弘法很困难。"我笑着说："请法师来弘法，讲经给你们听，这是果报。有果必有因，你们不修因，就享现成的果报，哪有这样便宜的事情？"何谓修因？修因是要栽培法师。老法师或有名气的法师来讲经，欢喜得不得了，大家都争着要供养。初学的人，讲得不好，就不去听，也不理他。初学的人见到就泄气了："讲经太难了，算了，我不学了，我还是赶紧念经。"如何栽培法师？愈是年轻愈是讲不好的，我们愈要去捧场。捧场是让他觉得还有很多人听，大概我还可以，能学得成。给他鼓励、给他奖励。

再者，不要轻慢初学的法师，对初学的法师要特别小心谨慎，听经，要堂堂都去；我来听你的经，但我不赞叹你。诸位要晓得赞叹害人比诽谤还大，人受到诽谤，虽然很生气，但真有志气的人，愈是受辱愈要争一口气，愈能努力精进，以高超的成就，使人另眼相待。诽谤，对他反而是一种逆增上缘。要是歌颂、赞叹，他会想：这么多人赞叹，我大概不错了。那他的境界就到此为止，不会再往上提升。为什么？自满。所以，赞叹害人匪浅。因此，对年轻人、初学的人，绝对不要赞叹。还有，不要供养，因为财多了、知名度一高，立刻就堕落。年轻法师发菩萨心出家，被信众赞叹、供养而堕落。谁使他堕落的？是信徒把他推堕落的。他堕落，将来受果报，你们个个都逃不了，都有连带关系。

所以，对什么人我们才大力地供养？对八风吹不动的人。这种人赞叹他，他不生欢喜心；诽谤他，他没有烦恼心，他的心永远保持平静，这样的人才真正值得赞叹。为什么？赞叹不会害他。所以，帮他宣扬，使更多的人能认识他、相信他，他就能度更多的众生。供养，接受供养是非常难的一件事情。佛门常说："施主一粒米，大如须弥山，今生不了道，披毛戴角还。"所以供养如何能接受？如何能拿去享受？人，有多大的福报？实在讲，连诸佛菩萨都不享受这个供养。如果供养者是来种福报的，应当要接受，接受之后一定要转供养。

近代印光大师给我们做了非常好的榜样。印祖的皈依徒弟多到无法计算，他老人家接受的钱财供养全部印经。苏州弘化社就是他自己办的印经机构（流通经书）。我学佛之后，就完全学印光法师，将弟子所有一切供养统统印书，分送给大家。我心里想，如此，我要是不了道，我不会披毛戴角还，因为每位拿到经书的人都要替我还债。这就是把布施的福，辗转布施、辗转供养，如此，大家的福报是无量无边的；接受信众的供养，要如是做才如法，如果自己拿去享受，是绝对不如法的。纵然盖庙建道场，庙里要真正弘法利生，这样布施，供养者才真正有功德。假如庙里没有弘法、也没有修行，此庙就会变成斗争道场，所以建道场要特别小心。从前李炳南老师说："在建立道场的时候，人人都是菩萨，尽心尽力把道场建成；建好了之后，都变成罗刹。"争权夺利，变质了，建道场的初心抛到九霄云外。

供养法师也要特别小心，佛教我们供养法师要"四事供养"。何谓四事？"饮食"，他是人，生在世间不能不吃饭，所以供养法师饮食以维持生命；"衣服"，法师也需要穿衣服，如果衣服破了（他还有就不必了），供养他一件衣服；生病的时候，供养他"医药"；睡觉的时候，供养他"卧具"。现在有信徒供养房屋，又有什么好的都拿去供养法师，供养得法师生活太舒服，西方极乐世界都不想去了，这里不错，为何还要去西方？成佛道、了生死的道心都没有了。这对于栽培法师、成就法师，实在是大损害。法师出家就没有家，你再送他一栋房子，又让他"入家"了，这就把他害死了。他有所有权，又有财产，岂不完了！退回去了。谁害了他？信徒害死法师。这种人不知道自己天天在破坏佛法、损害三宝，还认为自己做了好多功德、许多好事。命终后，堕地狱见阎王，辩都辩不清，事实俱在，你还辩什么？

在佛门里修福，要有真正的智慧，这是应该要说明的。很多法师不愿意说明，因为说明白了信徒便不供养，跑掉了。而我要到西方极乐世界去，我不想在这里受罪，所以我跟大家讲真话，我不怕你不供养，你们不供养最好，我省事。为此，我办了一个佛陀教育基金会，专门印经，赠送经书。我告诉负责的简居士一个原则："供养多，多印；供养少，少印；没有供养，不印，最好！"大家供养多了，还得要费心选择哪几种书先印，如何印法；没有供养，多清净、多省事。

所以，大家一定要晓得："不求供养、不求道场，什么都不求，心就清净，这就是道心。"自己修清净心，帮助别人修清净心，绝对远离名闻利养，这才是真正的佛法。要成就年轻的法师，要照顾他们，就要让他们吃点苦，不要说看到他们吃苦就不忍心，那就害死他（他是要吃苦的）。释迦牟尼佛当年在世，所有弟子日中一食、树下一宿，过那样清苦的生活，你看了不忍心，都把他们拉回来，他们如何能成道？佛教导我们"以苦为师"。常常生活在痛苦当中，他才有真正的道心，才有坚定的信念要超越这个世间。所以，苦是好的。自己不愿意吃苦，看到别人吃苦要生恭敬心，不要障碍而把他拉回来。能真诚、踏实地栽培法师、成就法师，才能请得到法，才有真正好法师来弘法利生。

7."请佛住世"；8."常随佛学"。其主要的目的是宣传佛教，把佛教普遍、广泛地介绍给大众。我们在这一生当中，修学想要得到真正的成就，请转法轮还是不够的。诸位想想，哪个人一生之中听一两次经就开悟、证果了？佛陀在世的时候有，佛灭度后就没有了，所以必须要请佛住世。就是要请好老师常住，以便天天教导我们，使我们接受长期的熏陶，才能得到成就。

我在台中求学的时候，有一天李炳南老师问我们："各言尔志。"就像孔老夫子一样："你们每一个人的志向、愿望，都说来我听听。"他问到我，我就向他老人家报告："我希望将来能到处去弘法利生。"他听了之后点点头："很好，但是你不能成就人。"他说："你自己成就可以，你不能成就别人。"我说："为什么？""你只能做到宣传的效果。"他再进一步告诉我，他老人家住在台中三十多年，因此台中有不少人成就。他说："如果在台中，一年来只讲一天、两天，就没有一个能成就，一日曝之，十日寒之。"我听了，明白此道理，确实是如此。但是，佛家讲缘分，"佛不度无缘之人"。到处去宣扬，这个缘浅、容易。

　　住在一个地方教化众生，那个缘要很深。我这么多年来，统统都在外面游化，这对自己真的有很多好处，最大的好处就是对"家"（一般人有家的观念）完全冷淡了。天天旅行，天天住旅馆，哪里有家？没有，确实没有。虽然自己有个道场，一年也不过住十几天又要走了，统统像住旅馆。家的观念打破了，对自己是一种解脱。这是很不容易的，如今我真正体验到了。

大众想要成就，一定要请佛住世。佛入灭了，佛的弟子无论是出家，或是在家弟子（居士），只要真正有修、有学、有德行，能给我们做榜样，能指导我们修学，都应该请他在此地常住。使这一个地方得他长期的熏陶，才会有真正的成就。所以，要想成就，请转法轮之外，一定要真正发心请佛住世。如果我们自己是一个虔诚的佛弟子，真正得到佛法利益，我们自己要带头，礼请法师大德常住在此地，并且尽心尽力供养。真正的大德，生活都非常简单，很容易照顾，这是一定的道理。

再者，道场的庄严是为了接引大众。如果道场不庄严，人家一看，此道场大概没有什么了不起。如果道场富丽堂皇，他们就会想，此地大概是不错，欢喜心、恭敬心油然而生。因为一般人只看外表，不知道内涵。所以，外表也要做得像样，才能接引广大众生。虽然说真正识货的人，是不讲求外表的；但是接引一般大众，庄严的道场是有必要的。道场虽然庄严，但在道场里面，出家人住得很简陋。这种情形到大陆去看就晓得了，大陆的寺庙宫殿式的、飞檐重阁，非常庄严，但是出家人的寮房就很简陋。方丈和尚住的房子，也很简单、很朴素，由此可见庄严的场面其目的是为了接引大众。这些我们都要细心地观察，然后才知道以什么样的态度、什么样的方法、什么样的仪式，来请佛住世，使佛法真正在一处生根、茁壮、开花、结果。

普贤十愿，前面七愿是菩萨的愿行，后面三愿是菩萨的回向行。所以，第八愿"常随佛学"，是给我们说出以佛为修学榜样、为学习的典范。佛今天不在世，佛的经典还留在世间，依照经典修行，就是常随佛学。这是修学佛法所要取得的最高标准。

9."恒顺众生"。这是指面对法界一切有情众生，一定要顺。顺是非常难做到的，所以中国人讲孝，下面接着讲顺；不顺就不孝。学佛是尽大孝、顺众生；在恒顺当中观察机缘，诱导众生断恶修善，助他破迷开悟。这一定要知道时节因缘，何时我应该怎样做，才能恰到好处，收到圆满的效果。所以，要有智慧、善巧方便，才能恒顺。

10."普皆回向"。这是把我们自己所修、所学的功德，毫发都不保留，全部回向给法界一切众生、回向菩提、回向实际，把自己的心量拓开，尽虚空遍法界就是一个自己，到此境界才是真正究竟大圆满。

总之，我们修学净宗所依据的经典是净土五经一论。修行的方法有五个科目："三福、六和、三学、六度、十大愿王"，非常的简单，非常的明了，一点都不复杂。我们一生遵守此原则来修学，决定成就，真正是古大德所说："万修万人去。"我们有了理论的依据，有了修行的方法。但在日常生活当中，我们用什么样的心态、什么样的态度，对人、对事、对物？遵守这五个科目就绝对不会错；然后一心念佛，求生净土，没有一个不成就的。

七 佛法的修学次第

佛法修学分为四个阶段：信、解、行、证。

（一）信解行证

前面是佛法修学的依据，以及行门纲领的介绍，现在再谈佛法教学的善巧。善巧是指方法非常好、非常的巧妙，如果我们不知道，就很难学到佛法真实的大利。佛法修学分为四个阶段，就是清凉大师在《华严经》上所讲的："信、解、行、证。"

"信"，能信就是缘成熟。我们常说："佛不度无缘之人。"何谓缘？就是他能信。能信，表示缘成熟了；不能相信，就是缘未成熟。所以，佛度众生，一定是度能相信的这些人。佛家跟其他宗教不同，其他宗教信了就可以得救，佛法的信是表示可以入门。信了之后一切要"解"（理解），佛法所说的宇宙人生的真相。因此，解就是理解宇宙人生的真相。真的理解之后才修行。所以，"行"是建立在解的基础上。在理论没有搞清楚、方法也不懂的时候，如何能行？这种行就是盲修瞎练，不是真正之行；真正的行，是有理论的基础、正确的方法。行最后的目的是要达到"证"，证才是真正得受用。何谓证？简单地说，就是把自己所信、所解、所行的，在日常生活当中，所有用得着的统统融合了，这就是证。譬如我们讲《无量寿经》，《无量寿经》里所说的就是我们所想的、所行的；我们所行、所想的就是经，经与生活融成一致，这就是证，这就是真如，佛法可贵之处就在于此。

所以，一定要知道修行的次第——信解行证。信，第一要相信自己，这是佛家讲信与其他宗教不同之处。信神是宗教最重要的一个条件；佛法最重要的是信自己，不是信外面。信自己有佛性、信自己本来成佛、信自己跟诸佛如来无二无别、信自己真如本性被染污，只要我们把染污去掉恢复自性，就跟诸佛如来没有两样。如果常常觉得，我罪业深重，烦恼重重，恐怕自己不能成就，这种人就注定不能成就。为什么不能成就？他不相信自己能成就，佛菩萨再大的神通、智慧、道力帮助他也不行。佛菩萨是帮助能站得起来的人，他自己站不起来，佛菩萨对他也无可奈何。所以，第一个是信自。

第二是信他，他是指佛法。佛给我们讲了这么多道理、方法，我们相信并依照其理论、方法修行，决定能成就。所以，先信自，后信他。藕益大师又把它扩充为相信理（道理）、相信事。事从何而来？事从理上来。理是清净心、是真如本性（真心），所有一切万象都是从理显现出来的。这些现象何以会显现出来？这里有因有果，而且因果是连续的、循环的。前面一个因结了果，果又是因，因又结果，如此循环、重叠无尽的。这些事实我们都要能明了、相信。从这里建立信心，然后求解，求一切通达明了，如此自己修行才没有疑惑，才会有快乐而没有障碍。

学佛最重要的是亲近一位老师，接受老师的教导，依照老师讲的方法来修学，这是古今不变之正途。在中国古代，佛门教学，首先是五年学戒。"戒"并不是三藏里面的律藏，而是遵守老师的教诫，就是要遵守老师的规矩。学生将来成功或失败，老师要负全部的责任，这就是师道。实在说，现代已经看不到了。老师不负责任，学生也不认真学习，师道真的没落了，这是时代的悲剧！学生对老师没有尊敬心，老师对学生也没有真正的照顾和关怀，也没有真正成就他的理想与愿望。

五年学戒，就是中国人所讲的"师承"。学的是什么戒？简而言之就是培养戒、定、慧三学的基础。这是老师的责任，老师没有另外的东西教给你。像禅宗拜师一样，这五年中老师教学生做什么？分配一份工作，教他老老实实去做。这种简单的修行方法，绝对不能改，天天照做。所以，学生就觉得枯燥无味，感觉在道场做了五年工，什么都没学到。其实他学到的东西太多了，自己不知道。学到了什么？烦恼少。教他这个不准看，那个不准听，限制很多，如果统统都能遵守，这五年下来，便是福慧双修。何谓福？天天都在寺院里做工，这是修布施。因为出家了，身上没有钱布施，天天做工，就是用劳力修布施波罗蜜、修供养。每天这个不能听、那个不能看，六根都给堵塞起来，收摄起来，心得定，心得清净，这就是慧。所以，老师是在教你修福、修戒、修定、修慧，他教得一点痕迹都没有。

这种教法，在教下也是如此。就以法华宗而言，一旦到天台宗道场去修行，拜师之后，老师也是将常住工作分一项给你，或是让你去扫地、挑水，或是叫你去厨房打杂，然后教你背经。天台宗是以《法华经》为主，老师便把《法华经》让学生去念，念五年，一直念到会背。工作时，经就停下来；没有工作的时候就赶快读经，其他什么都不管，专门打杂。如是做五年，是真正的修学，绝对不是说把初来的人当做佣人看待。不晓得这是真正定慧等学，是奠定修学的基础。五年之后，学生福慧都有了，再让他参加讲堂听经，听了一年、两年，他开悟了，明心见性。

我们今天看《高僧传》，便可看到古人这种教学方法，能让学生在寺内短时期就证果、开悟。而现代人在一个道场住上三五十年，或住一辈子都不开悟。就是去读经，把三藏十二部统统都念了，还是不开悟；最多只是得到一些佛学常识，看得多、记得多，对于断烦恼、开智慧一丝毫帮助都没有。所以，亲近老师，老师指出一条路让你走，在刚刚走的时候，一定感觉枯燥无味，但是此阶段过去之后，内心所生起的那种欢喜是不可思议的，那是真正得到了收获的喜悦。

现前我们修学，犯了严重的错误，一开始就想"广学多闻"。而古大德是从断烦恼学起，是"烦恼无尽誓愿断"；烦恼统统断了就是定、慧完成了，然后再"法门无量誓愿学"，这是一条正路，不能越级。现代人修学所犯的过失，就是不先断烦恼，就开始广学，还希望学得愈多愈好。清凉大师说这种修学的方法是"有解无行"，只在解的层面下功夫，对自己真正的用功之处疏忽了；不去断烦恼，不去修清净心，其结果是增长邪见。他所知道的都是邪知邪见，不是正知正见，此话说得非常有道理。

（二）戒定慧齐修

学佛从何处学起？从念一部经起修。要不要懂其中的意思？无需要懂。因为烦恼未断、福慧不具足，所理解的都是邪知邪见，皆是错误的。为何要一直念这一部经？诸位要晓得，念经跟禅宗参究修禅定是相同的，跟密宗三密加持亦无两样，只是方法手段不同而已。念经就是戒定慧三学一次完成。

诸位要晓得，戒律就是"诸恶莫作，众善奉行"。我们读经的时候，心里不会乱想，当然诸恶就不作了。经典是佛从真如本性里流露出来的言语文字，无有比此更善的，因此读经就是众善奉行。所以，念经的时候戒律圆满了，不要一条一条去修。念经的时候要专心，专心就是修定。念的时候，从头至尾没有念错、没有念漏掉、念得清清楚楚、了了分明，这就是慧；修慧。所以，念经是戒定慧齐修。如果我边念边研究，就是把佛经当做世间书，戒定慧三学都没有了，这不是修行。所以，读经是修行的基础、是修行的根本，大家千万不要轻视。修行入门，如果是选用经典，就从这里下手。如果一天念一小时，你就修一小时；念两小时只是修两小时，当然修的时间愈长愈好。

我有不少同修，《无量寿经》一天念十遍。他们大概已经念了两千遍以上，因此经文很熟，念一遍大概只要半小时到四十五分钟。一天念十遍，差不多有五六小时在修戒定慧。每天有这样长的时间修行，修上几年，心自然就定了。心定以后，再去看经，眼睛都放光。一看，意思就全部明了、全部懂得。佛经是佛从清净心流露出来的，我们自己的心清净，自然与佛相应，如何会看不懂？今天我们看不懂佛经，就是佛心是清净的，我心是散乱的；散乱心跟清净心不相应，不能起共鸣，所以佛讲的我们听不懂，道理就在此。因此，若是真正能懂得亲近一位善知识、一位好老师，就要相信他不会骗你，他教给你的方法，一定不会错的。

老老实实选一部经："修净土的选《无量寿经》；修天台的选《法华经》；学华严的就选《华严经》。"你修哪一宗、哪一派，就修其本宗主修的经典，一门深入。先把本宗的经典老老实实念五年；换言之，在五年当中一定要把烦恼舍掉，恢复清净心，这是学佛的起步。实在讲，五年修得清净心，在从前还可以，现在不行了。因为从前之人，心地染污少，程度也轻，五年就基本可以清洗干净。现代的人染污太严重，况且从前的人十几岁才受到染污，才会有是非人我，才有贪瞋痴慢。现在的小孩两三岁就有贪瞋痴慢，他从何处学来的？从电视上学来。家里天天在看电视，他不得不受污染，天真活泼的童年没有了，所以现代的人真的不幸福。像我，生长在农村，到十三四岁才懂事，所以我的童年时间很长。童年不懂事是真快乐！世间什么苦乐我们都不知道，整天就晓得玩耍。一懂事就不快乐了；会看人脸色，这就难为了。所以，此时代的人比不上前人，人不能做了，太苦了。

修学到自己心地清净了、智慧开了，就可以参学，就什么都可以看、可以听、可以接触，因为自己已经有定，不会被外在环境所转。自己有了主宰，见得愈多、听得愈多，愈能增长智慧、增长定力。定慧是如何增长的？不为外境所动，这是增长定力；样样清楚明了是增长智慧。所以，那时再参学，定慧更能往上提升。这是古人教学的方法，先修戒定慧，先修根本智，然后再参学，成就圆满的后得智，就是无所不知。佛在《般若经》上说："般若无知，无所不知。"所以先修无知，五年学戒就是什么都不知道，然后再接触社会的时候，什么都知道，就是无所不知。真正修行是用这样的次第、方法来达到目的。

　　古大德，不仅仅是遵守释迦牟尼佛教导我们的这些规矩，更以儒家的基础作为修学的根本，这是因为中国佛教把小乘舍弃了，以儒家来代替小乘，特别是以孔老夫子的德行，作为我们入佛门的根基，就是《论语》所讲的夫子五德，温厚、善良、恭慎、节俭、忍让，即"温、良、恭、俭、让"。在这上面再建设的就是"三福、六和、三学、六度、十大愿王"，而达到真正究竟圆满。这样的架构，在整个大乘佛法，无论哪一宗、哪一个法门，宗门、教下、显教、密教，都不能离开此基础，违背此原则。换言之，按此架构次第修学，无论修学哪一宗、哪一派，无有不成就的。由此，我们可以说："从五德、六和上打基础，是中国大乘佛法的特色。"

除此之外，佛法在教学上还有一个非常进步的做法，一直到近代才被人想到进修教育。佛当年在世，跟在佛身边的，还没有毕业、还不能独立，不能离开佛的，这是声闻弟子。已经有成就的是菩萨；菩萨要帮助佛教化一方，代佛弘法，到各地方建道场、讲经说法、推广佛教。但是每一年有一定的时间，又回到佛的身边，就好像暑假一样，学生放假了，老师没放假，老师还要进修；回到佛陀面前接受再教育，这三个月称为"结夏安居"。结夏安居就是把在四方从事教化的学生，统统召集回来，听佛讲经说法，使他们的定慧、德学更加增长。而且还在一起研究讨论教学上的各种情境和难题，以及解决的方法，作为彼此的参考和改进。这种教育方法，在我们中国历代是很少见的；这种暑期进修教育，是非常值得称赞的。

结夏安居，还有少数地方有这种形式，但已经没有这种精神。与此类似的像寺院，或是居士团体，举办夏令营、冬令营、佛学讲座、打佛七、打禅七，也类似进修教育，是值得普遍提倡的。说到断烦恼，修戒定慧，了生死，在我们这个世间确实是非常少见，说出来也不可能被人所接受。但是进修教学法是非常殊胜、非常有效果的。现代人的观念不一样，总是一开始学，便要学得愈多愈好；殊不知，其结果一个是有限，一个是无限，相差实在太大了。几千年来用这种方法，不知道有多少人成就了。反观现代新的教学方法，充其量只能帮助一个人得几个佛学博士学位，得一点名闻利养，实在讲，要想断烦恼、了生死、出三界，恐怕很难很难，这是我们应当要深深反省的。

八 佛法的教学艺术

佛法教学手段上是变化多端：可以用正，可以用反；可以用顺境，也可以用逆境，但它只有一个目标——利益众生，帮助众生破迷开悟、离苦得乐。

再谈佛法的教学艺术。佛当年在世到处讲学，跟周游列国的孔老夫子没有两样。在印度的时候，佛这个大团体，哪个地方邀请，就到哪个地方去；讲一个时期之后，别处邀请又去了，所以都不是久住。佛不是一个人去，是带着一千二百五十人，所以邀请也很不容易，真的要有财力、有物力。佛法传到中国来才有寺院、丛林，才有固定的住处，因为佛教是中国帝王迎请到中国来的。在印度，社会大众对托钵的僧人很尊敬，都恭敬供养；而中国人将托钵视为乞丐，这是最令人瞧不起的。僧人是皇帝迎请来的客人，皇帝又拜他做老师，哪有让皇帝的老师到街上去讨饭的道理？所以，佛法到中国来之后就中国化，不再托钵、不再树下一宿，盖好房子给他们居住，而且宫廷派专人侍候供养僧人，使僧人不再为了生活而辛苦。

到唐朝的时候寺院发展成丛林，百丈大师跟马祖是丛林制度的两位创始人。马祖是禅宗道一禅师，俗姓马，是禅宗第八代祖师，六祖惠能的徒孙。"马祖建丛林，百丈立清规"，丛林中的一切规矩都是百丈大师草拟的，他们二人建立了中国丛林。何谓丛林？就是佛教大学。是真正有规模、有制度，把佛教教学制度化了；不像从前私塾式的互相传授，规模很小，也没有一个制度。从马祖之后，中国佛教走上了制度化，变成大规模的学校。丛林很多都变成了专科大学，这是中国佛教的特色，是外国没有的。

丛林的教学、讲学、教材、教法，无一不是达到最高的艺术境界。我们从经典、音乐、雕塑、佛像、建筑、供具，以及其他种种，只要稍微留意，都能发觉这些完善的教学。到今天许多非常完善的教学，现在也都失传了。现代的佛门梵呗，实在讲，都已经变质了，都不如从前的完美。佛教在这一代是非常缺乏人才，不只是缺乏艺术人才，佛教艺术人才要有高深的佛法修养，如此，他所表现的东西才是活的，才有真正的内容。像世间的艺术一样，如果不充实哲学的内容，他创造的作品就不能尽善尽美。所以，一幅画、一首诗，或一首曲子，一定要蕴涵高度的哲学修养在其中，才能显现出真善美慧。

今天佛教梵呗的词句都是古人做的，意境都很高，因唱的人心不清净，所以唱出来音也不清净。也因为心灵没有达到证悟的境界，所以唱了不但不能引发灵感，反而显得俗不可耐，甚至于还不如基督教的圣诗那样感人，这是佛教之衰！佛教人才的缺乏，不是佛教没有内容，不是佛教没有真实的东西，实在讲是缺乏真正的修行人。

以绘画、雕塑艺术而言，诸位如果到大陆看过敦煌壁画、云冈石窟和最近在北京房山发现的石经，便可以体会到中国佛教艺术的伟大和壮观。石经可以说是中国佛教的代表作，是"文化大革命"之后发现的，比我们现在的大藏经，内容还要丰富得多。晚期翻译的经典，有些还没有收入藏经，石经全部收录进去了。石经是用大块的厚石板，两面雕刻，每个字有大拇指大，字体非常之美，整部大藏经雕了四百年。这样的工程，实在不亚于万里长城。最近被发现的是一部完整的，一共有几万块石头，分藏在七个山洞里，大概还没有完全展示出来，所以只开放两个，我们进去参观，真是叹为观止！不能不佩服古人之用心，唯恐佛教经典遗失，用此方法保存佛经传给后人。他们对后世的子孙真正是尽到了责任。

　　佛教寺院的体系好像学校和博物馆的结合体。我们现在是博物馆跟学校分开，它是博物馆跟学校合在一起，这是一种特殊的结构体系。佛教所有的一切，都具有高度的教学艺术，不能把它看成单纯的艺术品；它含有很深的教育意义，很高的灵性智慧，这是一般凡夫俗子看不出来、领会不到的。以佛菩萨的造像而言，有很多人看到佛教有如此多的神像，便以为这是低级宗教、是泛神教；高级宗教只有一个神，唯一的真神。他不知道，也不了解佛教所供养的诸佛菩萨不是神，是代表法门的。世间有无量无边的事、无量无边的理，用一个形像、一种方法是无法完全表达的，所以用许多不同的艺术品来表达。佛教艺术在教育上特殊用意了解了，便不会把佛教当做是神教；真正清楚了，敬佩之心便油然而生。

　　一切诸佛是代表我们的性德；一切菩萨、罗汉是代表修德。不修，性德虽然有，但不能显现出来，得不到受用，所以性德显现要靠修德。菩萨代表"修德"，佛代表"本性"。因此，佛门供养佛像，一般都是一佛二菩萨。这一尊佛代表"真如本性"，菩萨代表"从性起用"。本性是空、是体，起用是有。体、相、用；体是空寂的，从体能现相，现相就有作用。菩萨代表相、用，佛代表本体。所以，在《华严经》里佛不说法，本体当然无话可说。所以，菩萨就说法了，起作用时就有的说。从相上、从作用上有的讲，从本体上一句话都没有。本体不但不能讲，念头都没有，所谓"开口便错，动念即乖"，便是从本体上而说的。所以，佛代表体，供一尊佛。

用，为何供两尊？无量无边的相用分为两大类，一个是"知"，一个是"行"；就是解与行。王阳明提倡"知行合一"的学说，就是从佛教而来的。佛家讲"解行相应"，他老人家把名词换成"知行合一"，搞起他的哲学，其实他的哲学完全从佛法脱胎而得来的。解行就是理事。通常我们供养释迦牟尼佛，即是代表本体。释迦牟尼佛的两边，供养两尊罗汉即阿难尊者和迦叶尊者。阿难尊者是"多闻第一"，他代表解、代表智慧；迦叶尊者是"苦行第一"，代表实行。也有供奉释迦牟尼佛，旁边是文殊、普贤。文殊是智慧第一，代表解；普贤菩萨代表的是行。换言之，无论多寡，总不外乎解行两大类。净宗供奉阿弥陀佛，代表本体；观音菩萨大慈大悲，代表行；大势至菩萨智慧第一，代表解。所以，佛像的供法都有其意义，一定是一佛二菩萨，不会供两尊佛三尊菩萨。

每一尊佛代表性德的一部分，但是诸位要晓得，每一个部分都是究竟圆满的，所以"一即一切，一切即一"。释迦牟尼佛是从名号上说的，名号都是显德的。"释迦"是仁慈的意思，这是教我们对人要仁慈，要以慈悲待人。"牟尼"是清净的意思，寂默就是清净，是对自己的。对人慈悲，对自己要求的是清净。这是释迦牟尼佛代表的，这是我们性德本来具足的。阿弥陀佛是梵文音译，阿译作"无"，弥陀译作"量"，阿弥陀是无量的意思。什么无量？一切都无量，无一不是无量：智慧无量、神通无量、道力无量、寿命无量……无量的无量当中，寿命是第一，没有寿命，一切的无量都落空了；要有寿命，所有一切无量才能真正得到享受。此无量之无量，要如何才能真正获得？无量就是自己的自性，亦称真如本性。六祖说："何期自性，本来具足（一样都不缺）；何期自性，能生万法（世出世间一切法，都是自性变现的)。"这就是无量的意思。

用什么方法得到这个无量？就依照观音、势至这两位菩萨的方法去修行。观音教我们大慈大悲，大势至菩萨教我们一心念佛，他教我们"净念相继，不假方便，自得心开"，一句佛号就能成就。但是单是一句佛号就是小乘，加上观音行就变成大乘。观音行就是大慈大悲之行，对别人大慈大悲，对自己一句佛号专念，就一定得到无量寿，一定开发性德，无量无边的功德便能统统现前。所以，供佛就要了解每一尊佛、每一尊菩萨，所代表佛教的一种修行方法、代表宇宙之间的一种真理。

在佛教的建筑方面，供佛的大殿，我们从外面看它是两层，里面看是一层，这都是有意义的。从外面看，真俗二谛；里面告诉我们，真俗不二，万法一如。此意思就是说：外表是有差别，实质是一致的。佛教正规的建筑，一进山门，第一个见到的建筑物就是天王殿，里面供养四大天王——护法神，当中供着弥勒菩萨。此供奉方式，使人一进山门，第一眼就看到弥勒菩萨。弥勒菩萨塑的是布袋和尚像，看他那笑眯眯的样子，就是告诉我们：你想学佛吗？先要笑脸迎人，不能发脾气；发脾气不能学佛，一定要欢欢喜喜。再看，他肚皮很大。大代表什么都能包容，不与人计较。所以，也代表平等心、喜悦相，对待任何人、任何事物，心里都欢欢喜喜、平平静静的，不跟任何人计较。具备这些条件才可以入佛门学佛。所以，弥勒菩萨面对着大门，告诉来者：要有我这个条件，才够资格入佛门。

旁边的护法，分东、南、西、北四大天王。东方天王，代表负责任，称为持国天王（持是保持，国是国家）。主持一个家庭的事务，称做持家；主持一个公司的事务，是总经理、董事长；主持一个国家的事务，是帝王、是总统。要如何去做？一定要负责尽职。每一个人在社会上，都有他一份的职责，能把自己本分的职责，尽心尽力做到圆满，则社会和谐，国家一定富强。持国天王教给我们这个事理。

南方增长天王。单单把我们职责之内的事情做得很好还不够，还要天天求进步，不进则退。时代永远在进步，所以增长天王告诉我们：我们的德行要增长、品德要增长，乃至学问、智慧、才艺、能力都要增长，包括我们的生活水平也要天天提升。佛门并不落伍，真正是讲进步，永远站在时代的前端；不是跟着时代走，而是领导这个时代。如何把持国、增长做得圆圆满满？后面两位天王教给我们实践的方法。

西方广目天王，教我们多看；北方多闻天王，教我们多听。这就是中国人讲的"读万卷书，行万里路"。读书，是成就根本的学问，行万里路，就是今天所谓的观光、旅游、考察，到处去看看。看到别人的优点，我们采纳；缺点，我们警惕、改进。我们能"舍人之短，取人之长"，来建造自己的社会、建造自己的国家，这个国家就是世界上最完美的国家，这是真正的护法。所以，这些塑像供在此地，是在给我们上课，你要一看就晓得，并且时时刻刻提醒自己，朝此理想目标精进！能如是做，学佛岂会是迷信、岂会是崇拜偶像？

四大天王手上都拿着道具，道具也是表法的。东方持国天王手上拿着琵琶，代表做事情不可操之过急，要知道"中道"，不能过也不能不及，像弹琴一样，琴弦松了，弹不了，紧了就断了。儒家讲中庸，佛法讲中道，就是负责尽职，要做得恰到好处，事情才能圆满。南方增长天王，这是代表日新又新，他手上拿的是剑，代表慧剑（智慧之剑），是快刀斩乱麻，慧剑断烦恼的意思。西方广目天王，身上缠着一条龙，有时是一条蛇，蛇跟龙的意思都是相同的，代表变化。我们常说"神龙见首不见尾"，表示这个世界现实的社会，一切人、一切事、一切物，是变化无常，变化多端，一定要把他（它）看清楚，才能从容应付。龙表的就是此意。北方多闻天王手上拿一把伞，伞是遮盖。千变万化的世界，种种染污要防止，不要被污染。所以，广学多闻的同时，要保护自己的清净心，不受染污。要对现实社会能完全理解，才有智慧、能力，知道应该用什么态度、方法来应付、处理，才能做到尽善尽美（无论是对人、对事、对物）。天王殿教导我们的是这些，不单是神明，对他烧几炷香，他就保佑你平安了？那就大错特错。

由此可知，佛教寺院无一不是教学，就是供具也有它的教育意义。佛前供一杯水，有何意义？表法的。水是干净的、清净的，代表我们的心要像水一样干净；水不起波浪，是平的，我们的心要像水一样平、一样静。看到这杯供水，就想到我的心要像水一样的清净、平等。佛前供花，花代表因，开花后就结果；花代表六度万行。供果，水果不是供给佛菩萨吃的，是教我们看到果时，就能想起希望得到什么样的果报，就应该要修什么样的因。所以，佛门一切设施、供养，处处都是提醒、教育自己。佛菩萨不闻，也不吃，什么都不要。

灯代表智慧、光明，香代表戒定真香。没有一样不是表法的，没有一样不是教育。现代学佛的人，对于这些教育意义，统统不知道。为何要烧香？为何要供这些物品？都不知道，所以信佛统统都变成迷信。社会上有人批评学佛的人迷信，更有人说学佛的人都是神经病。他说得没错，多少学佛的人真的没有搞清楚。如果自己清楚了，再跟他们讲解清楚，相信他们也要学。我就是如此清清楚楚地把佛法介绍到中国大陆，他们说："这样好的东西，我们都不晓得。"他们也想学佛了。

总而言之，佛法是以真实的智慧、无量的大觉，帮助一切众生得到真实的利益、真正的快乐，这是离苦得乐。佛以无尽的悲心，教化一切众生。自古至今，无论是显教、密宗，或是哪一个宗派、哪一个法门，在佛教史里，每一个朝代，依照这些理论、方法修行的，成果都非常殊胜，这是真实不虚的。这一代是衰落了、迷失了，对于真正的佛教不知道，所以成果比较少、比较暗淡。

　　要知末法时期，众生业障比较重，所以念佛法门特别的殊胜方便。念佛的殊胜，就在于它的简单容易，不需要很长的时间，也不需要任何仪式。无论什么人，随时随地都可以修行，所以这一个法门，在近代成就的人特别多。台湾省地方不大，人口也不多，这四十年当中，我最保守的估计（一点不会夸张的），真正依念佛法门，往生西方极乐世界的，至少有五百人。这是很了不起的，往生西方极乐世界，就是去成佛。如此小的地方，有这样多人成佛去，真正是宝岛！中国大陆宽律法师写了一本《近代往生传》，记载中国大陆上念佛往生的，大概有一百多人，当然一定还有漏掉的。这是讲净宗成就的殊胜。净宗要成就，诸位一定要记住（这再特别提醒诸位同修），五经一论是理论依据；经典上明白告诉我们"发菩提心，一向专念"，这是重要的方法。我们只要依据理论，掌握方法，没有不成就的，这是说修行果德的殊胜。

　　马鸣菩萨在《大乘起信论》里告诉我们："本觉本

有，不觉本无。""迷、邪、染"，这是恶业，是本来没有的。"佛性正知"此是至善，是本有的。本有的当然可以恢复；本无的当然可以断除。罪业是迷、是邪，是本来没有的，当然一定可以消除；佛道是本有的，所以佛道一定可以证得。在理论上我们找到了根据，证实业障确实可以消除。所以，我们就用一句"阿弥陀佛"把心中的旧习、恶习扫除，再用苦行来坚定我们的志向，用真诚恳切的心念佛，时间久了，自然得念佛三昧（一心不乱），此时身心自在，万境如如，这是功夫现前成就。实在讲，往生西方是自在往生。何谓自在？想哪一天去就哪一天去，想在此世间多住几年也不妨碍，这就是自在。

人家能得到，我为何得不到？不是我们得不到，是我们功夫不够。也许大家要问："要念多久功夫才够？"我老实告诉大家，根据古来的经验，许多人三年就够了，就自在了。那个时候，你住在世间不必害怕，心安理得。假如遇到第三次世界大战，原子弹在头上爆发，你那时笑眯眯的："我到极乐世界去了。"不受其苦、不惊不怖，真得自在了。这才是经上讲的："惠以众生真实之利。"

欧阳竟无先生说："当知佛法，方便多门，不拘形式。"正面教学有利益，就用正面的；反面教学有好处，就用反面的。所以，佛法教学手段上是变化多端：可以用正，可以用反；可以用顺境，也可以用逆境，但它只有一个目标——利益众生，帮助众生破迷开悟、离苦得乐。如果打骂能达到此目标，打骂也可以是教学的手段；像禅宗的棒喝，那是真正的慈悲。反之，一切虚妄的、感情的、迷惑与执著，统统都不是佛法，这是我们要认识清楚的。希望各位学佛都能远离迷惑、执著，朝着"破迷开悟，离苦得乐"的正确目标迈进。

附录 精要十念法

　　自修者，日中九次念十声佛号，亦即晨起与睡前各一次，日中三餐各一次，午前开工及收工各一次，午后开工及收工各一次，共计九次。每次称念十声四字或六字弥陀名号，而原有之日常定课可照常行之。

　　共修者，凡讲经、开会、聚餐等无特定仪轨之集会，在共同行事之始，行此十念法。亦即约同大众合掌，同声称念十声"南无阿弥陀佛"，而后始进行讲经、开会、用餐等活动事宜。

　　按此自修与共修之十念法，有其特殊之法益。试举如下：

此法简单易行，用时少而收效宏，确实切要，可久可广。为"佛化家庭"之具体有效方法。例如，于家庭中三餐时行之，则举家之成员或信或不信皆蒙摄持不遗。此法有佛化亲朋邻里、普及社会之大利益。

以简单易行，一日九次，从早到晚，佛气不断。一日生活之中，佛念相继，日复一日。久能如斯，则行人之气质心性将逐渐清净，信心与法乐生焉，福大莫能穷。

如能随顺亲和，称念十声佛号，便有祛除杂染、澄净心念、凝聚心神、专心务道，以及所办易成、所遇吉祥、蒙佛加佑不可思议等之功德。

自修与共修，相资相融，资粮集聚，个人之往生在握，而共同之菩提大业，亦共成焉。

此法可以二法名之。试姑名之。

一为"净业加行十念法"，是对已有定课者言，因此法是在原有之课业上加行之故。

一为"简要必生十念法"，是指适于无定课者言。因现今社会递变，匆忙无暇，局碍多难故。此法易集资粮，信愿行之，平易圆具，而"都摄六根，净念相继"

之标准，亦甚符合无缺。

因每次念佛时间短，易摄心及不懈怠故，又以九次念佛之功行，均衡分布贯穿于全日，全日之身心，不得不佛，亦即全日生活念佛化，念佛生活化。

总而言之，此法简要轻松，毫无滞难之苦，如此法大行，则净业学人幸甚！未来众生幸甚！诸佛欢喜。

南无阿弥陀佛！

普为出资及读诵受持
辗转流通者回向偈曰

愿以此功德

庄严佛净土

上报四重恩

下济三途苦

若有见闻者

悉发菩提心

尽此一报身

同生极乐国

图书在版编目（CIP）数据

认识佛教 / 释净空著. —北京：线装书局，
2009.12
ISBN 978-7-5120-0035-3

Ⅰ.①认… Ⅱ.①释… Ⅲ.①佛教–基本知识 Ⅳ.
①B94

中国版本国书馆CIP数据核字（2009）第213815号

认识佛教

著　　者： 释净空
责任编辑： 李　琳　孙嘉镇　靳　欣
策　　划： 大通永利编辑组
出版发行： 线装书局
　　　　　　 地址：北京鼓楼西大街41号（100009）
　　　　　　 电话：010-64045283 64041012
　　　　　　 网址：www.xzhbc.com
经　　销： 新华书店
印　　刷： 北京市天竺颖华印刷厂
开　　本： 880mm×1230mm　1/32
字　　数： 188千字
印　　张： 6.5
版　　次： 2010年2月第1版　2012年1月第5次印刷

定　价： 21.80元